Beth Joselow

Was ich aus meiner Scheidung gelernt habe

Beth Joselow

Was ich aus meiner Scheidung gelernt habe

Die 50 wichtigsten Lektionen

Aus dem Amerikanischen von Renate Zeschitz

Klein

Titel der amerikanischen Originalausgabe:
Life Lessons:
50 Things I Learned From My Divorce
Avon Books

Deutschsprachige Ausgabe:

Umschlag: Peter Albers
Satz und Lithos: KCS GmbH, Buchholz/Hamburg
Druck und Bindung: Clausen & Bosse, Leck
ISBN: 3-89521-031-5
1 3 5 7 9 10 8 6 4 2

Satz aus der Garamond
Papier: Fortuna Werkdruckpapier »Pegasus«,
chlorfrei, säurefrei,
Steinbeis Temming Papier GmbH & Co., Glückstadt

Für Carole, Joni und Maxine, die Besten der Besten.
Und für Neri, mit Dank und in Liebe.

Die Geschichten in diesem Buch sind wahre Begebenheiten. Um die Identität der Frauen, die sie erlebt haben, zu schützen, sind geringfügige Details verändert worden.

Inhalt

Einführung

Oh, das Leben ist ein wunderbarer Liederzyklus
Ein Potpourri voller Improvisationen;
Und in der Liebe kann nie etwas schiefgehen;
So wahr ich Marie von Rumänien bin.
Dorothy Parker

In den letzten fünfundzwanzig Jahren hat sich unsere Einstellung zu Scheidungen immer wieder geändert. Einst ein traumatisches und beschämendes Eingeständnis des Versagens, über das die anderen hinter vorgehaltener Hand tuschelten, schien die Scheidung in den siebziger und achtziger Jahren ihr Negativimage abgeschüttelt zu haben und wurde als Mittel zur Gestaltung eines eigenständigen Lebens gefeiert. Wenn eine Ehe nicht funktionierte, betrachtete man die Scheidung als ehrliches, akzeptables und erfolgversprechendes Rezept. Verliere deinen Ehepartner, aber gewinne dich selbst, schien die Gesellschaft den Betroffenen zu suggerieren. Die Scheidungsrate stieg enorm.

In jüngster Zeit hat sich das Interesse vor allem auf die Verluste, die unweigerlich mit einer Scheidung verbunden sind, konzentriert. Nachdem wir uns über lange Jahre zur Selbstverwirklichung und weg von der Selbstaufopferung ermutigt hatten, geht jetzt der Trend dazu, Menschen in schwierigen Partnerschaften zu raten, es doch noch einmal miteinander zu versuchen, und sei es nur der Kinder wegen.

Eine Scheidung wird heutzutage nicht mehr unbedingt als der beste Ausweg aus einer problematischen Ehe gesehen, und doch endet fast die Hälfte aller Ehen in den Vereinigten Staaten in Scheidungen. Wir sind uns der Schwierigkeiten, die eine Scheidung mit sich bringt, immer mehr bewußt. Trotzdem sind viele von uns fest entschlossen, unsere Ehen zu beenden. Frauen und Männer, die sich zu diesem schwierigen Schritt entschlossen haben, finden sich auf einer sehr einsamen Straße mit mehr Fragen als Antworten wieder.

Es war immer schon eine sehr einsame Straße. Trotz der zahlreichen Witze über Scheidungen, trotz der vielen Scheidungsskandale berühmter Persönlichkeiten und trotz der vielen Betroffenen in unserem Bekanntenkreis haben die meisten von uns keine Ahnung, wie es ist, eine Ehe zu beenden und ein neues Leben zu beginnen. Scheidung ist ein wenig wie eine Reise zum Mond. Man hat die Bilder gesehen, die Geschichten gehört und die zurückgebrachten Mondsteine bestaunt. Aber man weiß nie, wie es dort ist, wenn man nicht selber dort war.

Nach zwanzig Jahren Ehe ließ ich mich im Jahr 1991 scheiden. Von dem Tag an, an dem mein Mann und ich uns trennten, bis etwa ein Jahr nachdem die Scheidung endgültig war, hatte ich das Gefühl, als würde ich mutterseelenallein eine dunkle Straße entlanggehen. Dabei war ich gar nicht alleine – meine drei Kinder waren gezwungen, mir auf diesem Weg zu folgen. Keiner von uns war zu Anfang glücklich. Es gab für alle von uns Katastrophen und Schwierigkeiten, und zusammen machten wir viele unvorhergesehene Veränderungen durch.

Jeder Tag schien neue Überraschungen für uns parat zu haben – einen Anruf von einer Freundin, die das dringende Bedürfnis verspürte, mir mitzuteilen, daß ich einen großen Fehler machte, ein überflutetes Kellergeschoß, weil die Regenrinne verstopft war, die Bitte des Lehrers um ein Gespräch, weil er sich die plötzlich abfallenden Leistungen meines Kindes nicht erklären konnte. Was war eigentlich los? Wie sollte ich mit alldem fertigwerden?

Ich war von meinen Rechtsanwälten gut beraten. Finanzielle Betreuung bekam ich von meinem Steuerberater, moralische Unterstützung von einem Psychologen. Ich hielt engen Kontakt mit den Lehrern in der

Schule. Aber keiner dieser Experten konnte mir sehr viel darüber sagen, was ich mit mir durchmachte. Keiner konnte mir erklären, warum ich mein Leben tagtäglich so intensiv unter die Lupe nahm und dabei so wenig Vertrautes zu finden vermochte. Keiner konnte vorhersagen, wie lange dieses Gefühl andauern würde.

Mehr als eine Million Frauen in Amerika lassen sich jedes Jahr scheiden. So viele von uns teilen das gleiche Schicksal, und doch fühlen sich die meisten von uns in dieser so einschneidenden Lebensphase ziemlich allein gelassen. Von der schwierigen Entscheidung selbst (oder der des Lebenspartners), über das eigentliche Trauma des Scheidungsprozesses bis hin zum langen Weg der Erholung kommen wir uns fremd, isoliert und ganz schön verloren vor.

Unbewußt tat ich einige Wochen, nachdem ich mich von meinem Mann getrennt hatte, das Beste, was ich für mich tun konnte. Ich lud vier mir bekannte alleinlebende Frauen zum Abendessen ein. Zwei waren gerade dabei, sich scheiden zu lassen, eine war schon seit vielen Jahren geschieden, und die vierte hatte erst gar nicht geheiratet. Ich hatte sie als alleinlebende Freundinnen für mein neues Singleleben ausgesucht, aber sie wurden viel mehr als nur das.

Bei jenem Abendessen jedenfalls unterhielten wir uns prächtig, sprachen darüber, wie wir uns, so ganz auf uns selbst gestellt, fühlten und was wir in Zukunft erreichen wollten. Die drei anderen kannten mich, sich untereinander jedoch nicht. Als wir uns verabschiedeten, waren wir uns so nahegekommen, daß wir einstimmig beschlossen, uns bald wieder zusammenzusetzen. Danach trafen wir uns regelmäßig jeden Monat.

In den folgenden Wochen, in denen ich die einzelnen Stadien meiner Scheidung durchlebte, wurden diese Freundinnen für mich die besten Ratgeber, die ich mir vorstellen konnte. Sie trösteten mich, machten mir Mut, standen wie ein Fels in der Brandung zu mir und heiterten mich auf, wenn es mir schlechtging. Wir halfen uns gegenseitig und tun es bis auf den heutigen Tag. Egal, ob wieder einmal eine Romanze nicht das gehalten hatte, was sie versprach, ob eine von uns gekündigt worden war oder eine andere ihr Selbstvertrauen verloren hatte. Wir haben miteinander Hochzeiten, einen neuen Job oder einen Umzug in eine andere Stadt gefeiert. Gemeinsam haben wir entdeckt, daß wir aus Dingen, über die wir Tränen vergossen hatten, etwas machen konnten, worüber wir lachen konnten.

Ich glaube, ich hätte meine Scheidung ohne die Hilfe meiner vielen Freundinnen und Bekannten nicht durchgestanden. Da war der pfiffige Rat, was man bei der Wahl eines Rechtsanwalts beachten sollte. Da war die Bestätigung, daß meine Verlustangst, die mich nachts nicht schlafen ließ, eine ganz normale Phase der Trauerarbeit bei einer Scheidung sei, die auch meine Freundin durchgemacht und schließlich überwunden hatte. Eine andere Freundin kündigte mir die plötzlichen Ängste an, die ihre Kinder bekommen hatten, und schilderte mir, wie sie damit umgegangen war – unendlich hilfreich bei ähnlichen Problemen mit meinen eigenen Kindern! Auch lustige Scheidungserfahrungen gab es. Sie zeigten mir, daß es durchaus möglich war, eine Scheidung durchzustehen, ohne den Sinn für Humor zu verlieren. Ich danke Gott, daß ich diese Freundinnen habe. Ihre Worte und Erfahrungen hielten mich in jeder Phase aufrecht. Sie haben mein Leben bereichert.

Jeder, dessen Ehe in die Brüche geht, braucht mitfühlende Gesellschaft. Nicht alle Frauen haben solche gute Freundinnen, und schon gar nicht während der aufgeheizten, schmerzlichen Scheidungszeit. Ich hoffe, dieses Buch kann als eine Selbsthilfegruppe zwischen Buchdeckeln fungieren. Es soll Sie als Frau, die den Scheidungsprozeß vor sich hat, bei den Schritten in Ihr neues Leben begleiten. Es wurde geschrieben, um einige spezielle Fragen zu beantworten, um die Scheidungsgeschichten anderer Frauen mit Ihnen zu teilen, um Sie daran zu erinnern, daß andere das auch durchgemacht haben und

Ihnen zu versichern, daß alles wieder ins Lot kommt. »Von einer Scheidung kann man eine Menge lernen!« sagt meine Freundin Constance. Und einige dieser Erfahrungen will ich hier mit Ihnen teilen.

Die folgenden Ratschläge kommen von Frauen, die sich schon in jungen Jahren, nach wenigen Ehejahren, scheiden ließen, und von solchen, die über fünfzig waren und Kinder großgezogen hatten; von Frauen, die sich von ihren Ehemännern im Guten trennten, und von solchen, wo das Gegenteil der Fall war; von Frauen, die wieder geheiratet haben, und von solchen, die das Single-Dasein vorzogen; von Frauen, die selbst ihren Lebensunterhalt verdienten, und von solchen, die das nicht konnten.

Niemand denkt bei einer Hochzeit an Scheidung. Niemand hat Spaß daran, die eigene Familie auseinanderzureißen, alle Beziehungen neu zu ordnen und die Zukunft allein zu meistern. Scheidung ist eine ungeheuer schmerzliche Erfahrung. Doch sie ist auch eine Gelegenheit, zu wachsen und ein Leben, das nicht befriedigend war, zugunsten eines anderen aufzugeben, das eine bessere Aussicht auf Erfolg hat, weil es auf größerer Selbsterkenntnis und der Weisheit, die man nur durch Erfahrung bekommt, aufbaut. Jede in diesem Buch vorkommende Frau hat schlimme Zeiten durchlebt, und obwohl die Geschichten, die ich erzähle, erfolgreiche Problemlösungen bieten, hat jede von uns Probleme gehabt, die wir nicht so erfolgreich gemeistert haben.

Und nun lesen Sie, wie ich und meine Freundinnen es geschafft haben. Holen Sie sich das heraus, was Ihnen und Ihrer Zukunft am meisten bringt. Jede der Frauen in diesem Buch hat an Selbstvertrauen gewonnen und ihr Leben in den Griff bekommen. Jede hat sich durch den schmerzlichen Prozeß der Scheidung eine große Portion Selbstbewußtsein erarbeitet. Denken Sie an uns. Wir zeigen Ihnen, daß Sie es auch schaffen. Sie können es schaffen. Sie werden es schaffen.

1
Sind Sie sicher, daß Sie die Scheidung wollen?

Niemand kann für sich entscheiden, wie er sterben wird. Oder wann das sein wird. Man kann sich nur entscheiden, wie man leben wird. Jetzt.
Joan Baez

Der Entschluß, eine Scheidung in die Wege zu leiten, ist eine der schwierigsten Entscheidungen in Ihrem Leben. Wenn wir davon ausgehen, daß Sie diejenige sind oder einer von beiden, die diese Veränderung wollen, dann stellt sich die Frage: Warum wollen Sie sie? Gibt es eine andere Lösung Ihrer Eheprobleme, die Sie vorziehen würden? Haben Sie auch alle Alternativen durchdacht? Auch wenn Sie Ihre Situation mit Freunden, ihrer Familie oder einem Eheberater durchdiskutiert haben, Sie allein müssen diese Entscheidung treffen. Irgendwie ist es wie der Entschluß zu heiraten: Sie müssen Ihr Leben genau durchdenken und sich überlegen, ob das der richtige Weg für Sie ist. Allerdings fehlt Ihnen in diesem Fall die rosarote Brille der Verliebtheit, die bei der Eheschließung über so manche Zweifel hinweghalf.

Weil wir gerade bei der rosaroten Brille sind: Verrennen Sie sich nicht zu sehr in die Idee, mit einem anderen Partner ein neues, perfektes Leben zu beginnen. Eine Scheidung mit der Vorstellung in die Wege zu leiten, daß Ihnen sicherlich schon bald der langersehnte Märchenprinz über den Weg läuft, ist einfach unrealistisch. Versuchen Sie, sich ein Leben in der realen Welt, ganz auf sich selbst gestellt, vorzustellen. Denn es kann gut sein, daß Sie den perfekten Partner nie finden.

Sie überlegen schon seit Monaten oder gar Jahren, ob Sie Ihre Ehe fortsetzen wollen? Wie lange ist lange genug, um ihr eine Chance zu geben? Das ist eigentlich keine Frage der Zeit. Sie sollten sich vielmehr fragen, was sich ändern müßte, damit Sie wieder zufrieden wären. Und dann überlegen Sie, ob diese Veränderungen im Bereich des Möglichen liegen. Als Entscheidungshilfe sollten Sie sich folgende Fragen stellen:

- Würden Sie lieber allein als mit Ihrem Ehepartner leben?
- Wollen Sie lieber einschneidenden Veränderungen in Ihrem Lebensablauf entgegentreten, als verheiratet zu bleiben?
- Sind Sie bereit, bei Ihrer Entscheidung zu bleiben, egal, was Ihr Ehepartner oder andere dazu sagen?

Wenn es Ihnen mit der Scheidung ernst ist, sollten Sie natürlich alle drei Fragen mit »Ja« beantwortet haben.

Mary, Mutter eines dreijährigen Sohnes, die sich nach vier Ehejahren scheiden ließ, sagt: »Lassen Sie sich erst scheiden, wenn Sie sicher sind, guten Mutes aus dem Gerichtssaal gehen zu können. Die letzten paar Monate, ehe ich meinen Mann endgültig verließ, waren die Hölle für mich: Morgens rief ich den Rechtsanwalt an und sagte ihm, ich sei bereit, die Scheidung einzureichen. Nachmittags rief ich ihn wieder an und zog die Scheidung zurück. Ich habe mit einer Freundin gesprochen und war felsenfest davon überzeugt, daß ich bei meinem Mann bleiben sollte. Fünf Minuten später sprach ich mit einer anderen Freundin und hatte genau das Gegenteil im Sinn. Lassen Sie sich Zeit mit diesem Entschluß. Geben Sie sich so viel Zeit, daß Ihnen die Entscheidung leichtfällt. Der letzte Akt sollte in aller Ruhe über die Bühne gehen. Warten Sie, bis Sie das Gefühl haben, auf etwas zuzugehen, nicht vor etwas wegzulaufen.«

2
Lernen Sie, das Unvermeidliche zu akzeptieren

Wenn das Haus schon brennt, wollen wir uns wenigstens daran wärmen.
Italienisches Sprichwort

Egal, wessen Entschluß die Scheidung war, Ihr früheres Leben ist für immer vorbei. Je eher Sie das akzeptieren, um so besser. Stammt die Idee zur Scheidung ursprünglich nicht von Ihnen, dann sind Sie zusätzlich mit der Schwierigkeit konfrontiert, eine ungewollte Veränderung zu verkraften.

Manche Menschen kommen besser mit einer Veränderung klar, andere weniger gut. Manche Menschen wollen öfter mal was Neues, andere fürchten sich davor. Versuchen Sie, sich auf die positiven Aspekte Ihrer neuen Situation zu konzentrieren. Könnten Sie Gefallen daran finden, sich nicht mit jemandes schlechter Laune abfinden zu müssen, zu kochen, was und wann es Ihnen Spaß macht, mehr Platz im Kleiderschrank zu haben? Zugegeben, das sind nur kleine, unwichtige Dinge, aber sie können zu der Erkenntnis beitragen, daß das Maß voll ist.

Das »Wegdenken« ist seltsamerweise ebenso wichtig wie das Nachdenken, will man eine solch tiefgreifende Veränderung erfolgreich überstehen. Man muß lernen, die gebetsmühlenartig wiederkehrenden, quälenden Fragen wie *Warum gerade ich? Warum gerade jetzt? Wie soll ich damit bloß fertigwerden?* einfach wegzudenken. Verwenden Sie Ihre ganze Kraft darauf, diese Gedanken in den Hintergrund zu schieben, zumindest so lange, bis Sie mit der Bewältigung begonnen haben. Gehen Sie Schritt für Schritt vor, selbst wenn es nur der Weg zum Briefkasten oder das Grüßen der Nachbarn ist. Überlegen Sie, was am nächsten Tag oder auch nur in der nächsten Stunde zu tun ist, um sich nicht überfordert zu fühlen. Jetzt ist nicht die Zeit, zu weit in die Zukunft zu blicken. Zu viel ist in der Schwebe. Haben Sie das geschafft, dann vergegenwärtigen Sie es sich immer dann, wenn Zweifel an Ihrem Selbstvertrauen nagen. Sie haben den ersten Samstagabend allein überstanden? Bravo! Sie sind alleine zum Elternabend in der Schule gegangen? Weiter so!

Bleiben Sie in Bewegung. Hocken Sie nicht zu Hause herum, nur weil es einfacher ist, der Welt nicht ins Gesicht zu blicken. Verkriechen Sie sich nicht in Ihrem Bau. Raffen Sie sich auf, Pläne zu machen, aus dem Haus zu gehen, etwas zu unternehmen. Tun Sie etwas, was Sie schon immer gerne allein oder mit einer Freundin getan haben, oder suchen Sie sich ein neues, interessantes Betätigungsfeld. Nein, Sie müssen sich nicht in einem Singleclub anmelden, wenn Sie nicht wollen. Was würden *Sie* denn gern machen? Fahren Sie für einen Tag an den Strand. Hören Sie sich einen Vortrag über die Börse an. Gehen Sie mit einer Freundin zum Billardspielen. Versuchen Sie etwas Neues. Achten Sie auf Ihre Gesundheit.

- Bleiben Sie beim zweiten Kapitel, anstatt das erste noch einmal lesen zu wollen.
- Genießen Sie jede Ihrer neuen Leistungen.
- Planen Sie nicht weiter als für den nächsten Tag.

»Ich habe sehr, sehr lange gebraucht, bis ich begriff, daß es Mike damit ernst war«, erzählt Ellen, seit dreiundzwanzig Jahren verheiratet, Mutter von drei Kindern. »Noch Monate, nachdem er ausgezogen war, glaubte ich, er würde zurückkommen. Immer wieder habe ich versucht, ihn zu umwerben, habe ihn zum Abendessen eingeladen, mir eine neue Frisur und neue Kleider zugelegt. Ich konnte immer nur an Mike denken, obwohl er nichts

dazu tat. Mein Leben war wie eingefroren. Nach einigen Monaten weigerte sich Mike, unseren jüngsten Sohn bei mir abzuholen, mit der Begründung, er könne es nicht ertragen, wie ich mich an ihn klammere. Er fühlte sich einfach nicht mehr so wie früher mit der Familie verbunden. Ich mußte ihn loslassen und mir darüber klarwerden, daß mein Leben nie mehr so sein würde, wie es einmal war. Selbst jetzt habe ich noch Probleme damit, aber ich habe aufgehört zu versuchen, mein altes Leben zurückzubekommen. Ich blicke nach vorne.«

3
Rechnen Sie damit, aus dem Gleichgewicht zu geraten

Wenn Sie die Ruhe bewahren, wenn alle um Sie herum aus dem Häuschen geraten, dann haben Sie vielleicht nur einfach die Situation nicht richtig eingeschätzt.
Jean Kerr

Sie dachten, Sie wüßten schon, was bei einer Scheidung auf Sie zukäme? Inzwischen haben Sie sicher festgestellt, was Sie alles nicht gewußt haben.

Mit einem Schlag müssen Sie mit vielen ganz neuen Lebenserfahrungen zurechtkommen. Und da tauchen auch gleich jede Menge Fragen auf: Wie erzählen Sie es den anderen Leuten, daß Sie sich scheiden lassen? Womit haben Sie im Familien- und Freundeskreis zu rechnen? Sollen Sie noch einen Versöhnungsversuch machen oder gleich zum Rechtsanwalt gehen? Wann ist der richtige

Zeitpunkt, einen Anwalt zu konsultieren? Was kann er für Sie tun, was nicht? Wie sehr wird sich Ihr Leben verändern müssen? Wie geht die Gerichtsbarkeit bei Scheidungen mit Frauen um? Sind Ihre Gefühle gegenüber Ihrem früheren Ehemann, gegenüber sich selbst, gegenüber der Zukunft normal?

Es ist schwierig, die ganze Zeit über einen klaren Kopf zu behalten. Es ist schwierig zu beurteilen, ob das, was Sie tun, richtig, üblich und vernünftig ist, ob die anderen auch so oder so ähnlich gehandelt haben. Es gibt keinen festen Fahrplan, und für jeden ist die Reiseroute ein wenig anders.

Sie werden Zeit brauchen, um mit sich ins reine zu kommen. Die meisten Kenntnisse müssen Sie sich durch eigene Erfahrungen aneignen. Bücher und Gespräche mit anderen Betroffenen können sicherlich einige Fragen beantworten, aber beileibe nicht alle. Man wird Sie von gemachten Erfahrungen profitieren lassen, aber Sie werden entweder nicht hinhören wollen, bis Sie es selbst erlebt haben, oder aber die Vorstellungen und Ansichten der anderen entsprechen nicht den Ihren.

Dieses Gefühl, eine Fremde in einem fremden Land zu sein, vergeht erst allmählich in dem Maße, wie die eigenen Erfahrungen zunehmen. Irgendwie ähnelt dieser Lebensabschnitt der Herausforderung eines neuen, anspruchsvollen Jobs. Man lernt mehr bei der eigentlichen Arbeit, als wenn einem jemand lang und breit erklärt, wie es sein wird.

Es braucht Kraft, den Glauben daran, daß das Stimmungstief irgendwann einmal vorbei sein wird, nicht zu verlieren. Sie sind sich selbst fremd geworden. Werden Sie jemals wieder das Gefühl haben, Sie selbst zu sein, ein Mensch, auf den Sie sich verlassen können? Keine Angst, Sie werden.

- Aus dem Gleichgewicht zu geraten ist eigentlich ganz normal für jemanden, der eine Scheidung durchmacht.
- Scheuen Sie sich nicht, Betroffenen, Ärzten, Steuerbe-

ratern, Rechtsanwälten oder anderen Experten mit speziellen Kenntnissen Fragen zu stellen.
- Vieles von dem, was Sie jetzt lernen, wird auch für Ihr weiteres Leben nützlich sein.

Penny, 34, sagt dazu: »Wenn ich, besonders zu Anfang, bei einer Party oder einem Treffen von jemandem hörte, der gerade eine Scheidung hinter sich hatte, dann wäre ich am liebsten immer sofort zu dieser Person gelaufen, hätte sie am Ärmel gezogen und sie mit allen meinen Fragen bestürmt. Mir fiel auf, daß alle immer so normal und gelassen aussahen. Ich hatte das Gefühl, sie wußten so sehr viel mehr als ich. Wenn ich dann versuchte, diese Leute etwas zu fragen, sahen sie mich manchmal an, als käme ich von einem anderen Stern. Sie hatten ganz andere Erfahrungen gemacht. Das war mitunter niederschmetternd. Gelegentlich jedoch äußerten sie die eine oder andere Bemerkung, die mir urplötzlich die Augen öffnete. Und das war wiederum sehr beruhigend. Es war, als hätte man bei einer Schatzsuche auf einmal den Schlüssel gefunden. Bei einem Elternabend erzählte ich einer Frau, daß ich versuchte, mir das Sorgerecht mit meinem Ex-Mann zu teilen, indem ich ihn sehr häufig zu uns nach Hause einlud. Sie meinte, das stelle sie sich sehr schwierig und problematisch vor. Und das war es auch – ich fand es gräßlich. Sie sagte, sie glaube nicht, daß das überhaupt funktionieren könne. Jedenfalls hatte sie es auch ausprobiert und nach einiger Zeit aufgegeben, weil es zu beschwerlich gewesen war. Erst, als sie begann, die Dinge anders als während ihres Ehelebens anzugehen, fühlte sie sich besser. Das war mir eine große Hilfe. Endlich traute ich mich, meinem Ex-Mann zu sagen, daß es so nicht ginge.«

4
Wählen Sie den richtigen Rechtsanwalt

Jeder kennt einen guten Rat, außer dem,
der ihn nötig hat.
Deutsches Sprichwort

Nehmen Sie sich den besten Anwalt, den Sie kriegen können. Ein Scheidungsanwalt ist ein Spezialist auf diesem Gebiet. Sie sind bei jemandem, der alle Aspekte einer Scheidung, von gütlicher Trennung bis zum Rechtsstreit, kennt, besser aufgehoben als bei einem Anwalt, der Scheidungen nur nebenher macht oder dessen Interessen auf ganz anderem Gebiet liegen.

Heute versuchen es viele Paare auf dem Weg der gütlichen Trennung, um den Streß zu vermeiden, den eine Anwalt-gegen-Anwalt-Scheidung mit sich bringt. Einige Paare versuchen erst mit Hilfe eines unparteiischen Mittlers, einen Kompromiß zu finden, ehe sich das Gericht des Falles annimmt. Das funktioniert am besten bei Paaren, die kein Kommunikationsproblem haben – aber das sind herzlich wenige.

Besprechen Sie sich mit Freundinnen, die eine ähnliche Prozedur durchgestanden haben. Sammeln Sie so viele Informationen wie möglich über die besten Schlichtungsstellen und die besten Familienrichter im Umkreis. Sammeln Sie in Ihrer Bibliothek Informationen über die besten Scheidungsanwälte in Ihrer Stadt.

Sprechen Sie mit mehreren Mittlern und Anwälten. Zwar müssen Sie dafür bezahlen, aber die Investition lohnt sich. Wenn Sie glauben, sich das nicht leisten zu können, dann können Sie sich wirklich keinen Anwalt nehmen, der für Sie das Beste herausholt. Achten Sie darauf, wie verständlich sie Ihnen den Sachverhalt erklären, wie gut sie Ihnen zuhören, wie sachbezogen Ihnen ihre Fragen erscheinen, wie ihre Bedingungen und ihre Gebühren sind. Zögern Sie nicht zu fragen, welchen Zeitaufwand Sie zu bezahlen haben, wieviel Zeit Sie für die Beratung rechnen müssen und welche Vorarbeit von juristischen Hilfskräften in der Kanzlei erledigt werden wird.

Prüfen Sie kritisch, ob Sie Vertrauen zu Ihrem Rechtsanwalt haben. Letzten Endes werden Sie mit einem weniger versierten Anwalt nicht billiger wegkommen. Teure, erfahrene Anwälte erreichen die gleichen Ziele meist schneller und wirtschaftlicher für Sie. Sie benötigen nicht soviel Zeit für die Recherchen und können unter Umständen die Routinearbeiten Ihres Falles an ihre Mitarbeiter delegieren. Top-Rechtsanwälte vergeuden keine Zeit. Selbst wenn Sie der Ansicht sind, Ihr Fall sei ganz unkompliziert und unstrittig, sollten Sie sich doch jemandem anvertrauen, der alles, was passieren könnte, problemlos meistern kann.

Nehmen Sie sich allerdings auch vor Rechtsanwälten in acht, die Feuer mit Feuer bekämpfen. Sie brauchen jemanden, der Ihren Fall wohlüberlegt beurteilt, nicht jemanden, der das Feuer noch anfacht. Sie sollten sich mit Ihrem Anwalt gut verstehen, aber er muß kein Seelentröster sein. Diesen Part sollten Sie Ihrem Therapeuten, einem Freund oder einer Freundin überlassen. Ihr Rechtsanwalt sollte Ihr Leben als Geschäftsverfahren ansehen, denn Scheidung ist ein Geschäft, und wer sich an diese Tatsache hält, kommt erfahrungsgemäß am besten davon.

- Nehmen Sie sich den besten Anwalt oder die beste Anwältin, die Sie kriegen können. Und gehen Sie dabei an Ihre finanziellen Grenzen, wenn es sein muß.
- Richten Sie sich darauf ein, viele Entscheidungen auf Grund juristischer Erfahrung zu treffen, aber überlassen Sie nicht alle Entscheidungen Ihrem Anwalt.

– Seien Sie ehrlich mit Ihrem Anwalt, Ihrer Anwältin oder Ihrem Mittler. Niemand kann Ihre Interessen in Ihrem Sinn vertreten, wenn Sie etwas verschwiegen haben oder nicht aufrichtig sind.

Katherine, die sich nach zwölfjähriger Ehe scheiden ließ und ein Kind hat, schien sich zunächst mit ihrem Mann gütlich einigen zu können. »Ich wollte alles ganz bewußt so glatt wie möglich über die Bühne bringen und ging zu einem Mittler. Das funktionierte auch ganz gut, bis mein Mann plötzlich nicht mehr mitmachte. Also sah ich mich nach einer ›netten‹ Rechtsanwältin um, einer, von der ich hoffte, sie könne verhindern, daß wir uns gegenseitig zerfleischten. Großer Fehler! Als mein Mann ausflippte und Schwierigkeiten machte – er bestand darauf, alle *Möbel und beide Autos für sich zu bekommen, und das war erst der Anfang –, wollte meine Anwältin das eher herunterspielen. Sie war der Ansicht, es lohne nicht, wegen solcher Kleinigkeiten Energie zu vergeuden. Sie war eben einfach ›nett‹, zu nett. Es kostete mich eine schöne Stange Geld und noch mehr Nerven, sie loszuwerden und jemanden zu finden, der mir nicht riet, im Hinblick auf eine gütliche Einigung einfach alles zu akzeptieren. Wie sollten wir jemals eine gute Beziehung aufbauen, wenn einer von uns sich übers Ohr gehauen fühlte? Meine neue Rechtsanwältin wußte den Schaden zu begrenzen, und das war genau das, was ich brauchte. Meiner Ansicht nach ist unsere Übereinkunft immer noch nicht fair, aber ich bin viel besser dran, als ich es vorher war.«*

5
Große Entscheidungen aufschieben

Das Meer hat keine Wegweiser.
Vita Sackville-West

Die ersten Monate nach einer Trennung sind so verwirrend und verunsichernd, daß Sie sicher besser beraten sind, wenn Sie wichtige Entscheidungen erst einmal hintanstellen.

Wahrscheinlich müssen Sie viele Entscheidungen in für Sie ganz neuen Bereichen treffen. Schließlich lösen Sie gleichzeitig Ihre früheren Lebensgewohnheiten auf und schaffen sich neue. Selbst wenn Sie ansonsten ein Mensch schneller Entschlüsse sind, in diesen schwierigen Zeiten kann Zaudern durchaus eine Tugend sein.

Einige der Probleme, mit denen Sie jetzt konfrontiert sind, werden sich schneller regeln lassen, als Sie denken. Oder aber Sie werden sich von selbst erledigen. Ist Ihr Selbstbewußtsein angeknackst? Trotzdem sollten Sie nicht lossausen und sich ein neues Auto zulegen, nur um den Anschein zu erwecken, es ginge Ihnen gut. Schon bald wird es Ihnen wirklich gutgehen, und dann wird man es Ihnen auch so ansehen. Warten Sie eine Weile und entscheiden dann, ob Sie noch immer willens sind, so viel Geld für ein Auto auszugeben.

Es mag ja verführerisch sein, in diesen Zeiten des Um- und Aufbruchs auch andere Lebensbereiche gleich »in einem Aufwasch« neu zu ordnen. Vielleicht wollen Sie in eine andere Stadt ziehen, eine neue Arbeit annehmen, die Vergangenheit einfach hinter sich lassen. Das mögen auch ganz vernünftige Entscheidungen sein.

Aber da die Scheidung an sich schon einen großen Einschnitt bedeutet, ist dies nicht unbedingt der ideale Zeitpunkt, zusätzlich noch eine große Veränderung im Berufsleben oder einen Umzug anzugehen, wenn es sich vermeiden läßt.

Wenn die anderen Lebensbereiche in dieser Situation stabil bleiben, dann haben Sie zumindest eine sichere Warte, von der aus Sie Ihre Lage in aller Ruhe betrachten können. Entdecken Sie dann am Horizont ein lockendes Ziel, können Sie es getrost ins Auge fassen. Wissen Sie doch, daß Sie mit Ihrer Entscheidung einen neuen Weg anpeilen und nicht nur vor schlechten Erinnerungen flüchten.

Selbst wenn Sie glauben, während des Scheidungsprozesses einen kühlen Kopf zu behalten, sollten Sie sich darauf nicht verlassen. Denn schließlich begeben Sie sich auf Neuland und müssen erst einmal einen Überblick gewinnen, um für sich und Ihre Zukunft die richtigen Entscheidungen zu treffen.

Lassen Sie sich nie zu irgendwelchen Diskussionen, Abmachungen oder Verhandlungen drängen, wenn Sie sich überfordert fühlen oder Ihnen nicht danach ist. Gehen Sie weg und kommen Sie später auf die Angelegenheit zurück.

Hier sind einige der Fragen, mit deren Hilfe Sie einschätzen können, ob die Zeit für Ihren Entschluß reif ist oder nicht.

- Bewege ich mich mit meinem Entschluß von etwas Altem weg oder auf etwas Neues zu?
- Mit welchen Folgen habe ich zu rechnen, wenn ich diese Entscheidung aufschiebe?
- Habe ich alle Alternativen eingehend geprüft?

»Die Dinge polarisieren sich sehr schnell, wenn man sich trennt«, weiß Danielle, 39, zu berichten. »Vielleicht wollte ein Beteiligter einfach nur etwas an seiner Ehe ändern, sie aber nicht unbedingt aufgeben. Eine Trennung bringt

kaum einmal eine Besserung in der Beziehung. Ich hatte, wie ich dachte, um eine vorübergehende Trennung gebeten. Mein Mann jedoch schmiedete ganz offensichtlich eifrig Zukunftspläne. Schon innerhalb der ersten drei Wochen präsentierte er mir Unterlagen zur Finanzierung eines Hauses, das er kaufen wollte. Ich hingegen hatte mir vorgestellt, er werde sich vorläufig eine provisorische Unterkunft suchen und nach sechs Monaten wieder zurückkehren. Er erklärte, er könne sich nur zu Hause fühlen, wenn ihm das Haus gehöre. Außerdem wäre es eine gute Geldanlage. Ich war in einem sehr verletzlichen Zustand und nicht fähig, eine vernünftige Entscheidung zu treffen. Da ich die Kluft zwischen uns nicht noch vergrößern wollte, gab ich schließlich klein bei. Die Schuldenlast, die dadurch entstand, machte später die Verhandlungen unendlich viel schwieriger. Aber ich war einfach nicht in der Lage, eine sinnvolle Entscheidung zu treffen, ob ich nun die Unterlagen unterschreiben sollte, damit er das Haus kaufen konnte, oder nicht. Mein Gefühlszustand ließ das nicht zu. Ich glaube, er spürte das und handelte schnell – noch ehe ich wieder Boden unter den Füßen hatte. Hätte ich diese Entscheidung ein paar Monate später zu treffen gehabt, hätte ich sicher gesagt: ›Nein, es tut mir leid. Ich weiß, daß du das gerne hättest, aber hier steht mehr auf dem Spiel. Es gibt jede Menge nette Appartements. Wenn wir erst einmal alles über die Bühne gebracht haben, kannst du von mir aus kaufen, was du willst.‹«

6
Lassen Sie sich helfen!

Mir scheint, der Versuch, ohne Freunde leben zu wollen, ist, als wollte man eine Bärin melken, um Milch für den Morgenkaffee zu bekommen. Es ist ziemlich mühselig und letzten Endes auch nicht der Mühe wert.
Zora Neale Hurston

Es gibt überhaupt keinen Grund, warum Sie mit Ihren Problemen allein dastehen sollten. Wenn Sie sich umsehen, werden Sie jede Menge gleichgesinnte, betroffene und hilfsbereite Menschen in Ihrer Umgebung finden.

In fast allen Städten und Gemeinden gibt es Selbsthilfegruppen, die vielfältige Dienste für Menschen in ähnlichen Situationen anbieten. Auch Kirchen, Frauenzentren und städtische Organisationen sind in diesem Bereich tätig. Nach einigen Telefonaten werden Sie mit Erleichterung feststellen, daß Sie mit Ihren Problemen nicht allein auf der Welt stehen und es viele Menschen gibt, die gerne bereit sind, Ihre Erfahrungen mit Ihnen zu teilen.

Auch um professionelle Beratung sollten Sie sich bemühen. Sie stehen vor einer einschneidenden Veränderung, die Ihr Gefühlsleben ganz schön aus dem Gleichgewicht bringt und Sie mit vielen schwierigen Fragen konfrontiert. Ein guter Therapeut oder Berater kann eine unschätzbare Hilfe dabei sein, positive und praktische Perspektiven auszuloten und den Weg in eine hoffnungsreiche Zukunft vorzubereiten. Sie müssen sich ja nicht längerfristig festlegen. Sie müssen auch nicht bis zu Adam und Eva zurückgehen, wenn Sie nicht wollen. Vielmehr sollten Sie sich bei der Beratung auf die Bereiche Trennung und Scheidung konzentrieren. Fragen Sie bei anderen geschiedenen Frauen nach Adressen von empfehlenswerten Beratern.

Die meisten von uns haben Freunde und eine Familie, auf die wir zählen können, wenn wir sie brauchen – wahrlich ein Segen. Jetzt aber brauchen Sie wahrscheinlich jemanden mit Spezialkenntnissen. Dazu müssen Sie aber auch nicht gleich irgendeiner Organisation beitreten. Sicherlich kennen Sie einige geschiedene oder getrennt lebende Frauen. Und selbst wenn Sie nicht so gut mit Ihnen bekannt sind, können Sie sie doch einmal an einem Nachmittag oder einem Abend zu einer Tasse Tee oder einem Drink einladen. Viele dieser Frauen sind nur allzu gerne bereit, ihre Erfahrungen mit anderen zu teilen und sich gegenseitig zu unterstützen.

Wenn Sie sich wie ein kleines Boot mitten im unendlich großen, feindseligen Meer vorkommen, ist es sehr tröstlich, viele andere kleine Boote neben sich zu wissen.

- Schwierigkeiten lassen sich leichter meistern, wenn man verständnisvollen Beistand an seiner Seite hat.
- Jetzt ist vielleicht genau der richtige Zeitpunkt für den Gang zu einer guten Beratungsstelle.
- Zögern Sie nicht, sich anderen Schicksalsgenossinnen anzuvertrauen. Die meisten werden bereitwillig ihre Erfahrungen mit Ihnen teilen.

»Anne und ich haben uns kennengelernt, nachdem sie einen Anschlag mit folgendem Text gemacht hatte: ›Sind Sie alleinerziehend und wollen sich mit Gleichgesinnten treffen, dann rufen Sie bitte an‹«, erzählt Claudia, 32. »Jetzt suchen wir noch andere Betroffene. In der Gegend, in der wir wohnen, scheint nach außen hin alles perfekt zu sein. Papi ist ein erfolgreicher Manager, Mami ist wunderschön, nicht berufstätig und fährt ihre beiden Kids und die anderer Eltern in ihrem Geländewagen zu den diversen Terminen. So etwas wie Scheidung ist da unvorstellbar. Schließlich ist man ja eine erfolgreiche Familie! Inzwischen weiß ich, daß sich sehr viele dieser Frauen sehr

wohl scheiden lassen, aber einstweilen lebe ich doch noch in einer ganz anderen Welt. Also treffe ich mich jede Woche mit Anne und ihren Kindern. Und das tut uns beiden sehr gut. Da wir in der gleichen Situation sind, bringen wir sehr viel Verständnis füreinander auf. Mittlerweile haben sich uns noch zwei weitere Frauen angeschlossen, und wir kommen einmal im Monat zusammen und essen gemeinsam. Nächste Woche haben wir mit den Kindern einen Bowling- und Pizza-Abend. Eigentlich tun wir nichts Großartiges füreinander, dazu haben wir alle auch viel zuwenig Zeit. Aber wir helfen uns mit Ratschlägen und Hinweisen. Und das gibt mir unheimlich Auftrieb. Wenn unser gemeinsamer Abend auf dem Kalender näher rückt, dann fühle ich mich gleich viel besser.«

7
Genießen Sie das Alleinsein

Allein, allein, oh! Man hat uns gewarnt vor dem Leid des Alleinseins. Hat man je die Freuden des Alleinseins entsprechend bedacht? Wie viele Menschen wissen überhaupt, daß sie existieren?
Jessamyn West

Allein oder allein mit den Kindern zu sein ist eine jener »Ist die Tasse halbleer oder halbvoll?«-Situationen. Das heißt, es kommt immer auf Ihre Einstellung an. Zum Glück ist Ihre Einstellung wandlungsfähig.

Sie können daran arbeiten, nicht allein zu sein. Aber Sie müssen auch lernen, wie es ist, allein zu sein. Auch wenn Sie sich sehr um ein intensives gesellschaftliches

Leben bemühen, es wird immer Zeiten geben, in denen niemand da ist, der mit Ihnen ins Kino oder zum Essen geht, oder in denen Ihnen Ihre Wohnung abends nach einem anstrengenden Tag leerer vorkommt, als Sie es ertragen können.

Dann ist es sehr wichtig, diese Situationen zu meistern, ohne der Angst oder einem quälenden Einsamkeitsgefühl anheimzufallen. Wenn Sie ein ungutes Gefühl bei dem Gedanken an einen Abend allein zu Hause haben, denken Sie sich irgendein Projekt aus. Bauen Sie ein Modellschiff. Wagen Sie sich an ein Soufflé. Üben Sie Italienisch. Setzen Sie sich Ziele für Ihre Projekte und belohnen Sie sich, wenn Sie dort angelangt sind. Sie schaffen jetzt Dinge, für die Sie früher keine Zeit hatten. Das ist eine respektable Leistung, auf die Sie stolz sein können.

Natürlich können Sie auch den Fernseher den ganzen Abend nebenher laufen lassen, wenn Sie eine Geräuschkulisse brauchen. Oder Sie sehen sich alte Filme auf Video an, erledigen längst fällige Privatpost und verwöhnen sich nebenher noch mit einem Schönheitsabend.

Beschäftigen Sie sich. Es bringt nichts, jeden Abend trüben oder traurigen Gedanken nachzuhängen. Natürlich sollen Sie Ihre Probleme durchdenken, aber tun Sie es auf dem Weg zum Markt oder bei einem langen Spaziergang durch den Park. Abends neigen wir alle mehr zu Traurigkeit und Depressionen. Nehmen Sie sich für abends etwas Angenehmes vor. Geben Sie sich einen Ruck. Buchen Sie ein Wochenende ganz für sich allein in einer romantischen Frühstückspension. Fahren Sie aufs Land und stöbern Sie auf Flohmärkten nach Antiquitäten. Melden Sie sich zu einem Taucherkurs an. Nur Mut! Es wird Ihnen ganz bestimmt Spaß machen. Und Ihr Ego wird enormen Auftrieb bekommen.

- Schreiben Sie die Vorteile des Alleinseins auf und lesen Sie die Liste öfter durch.
- Machen Sie für das Wochenende feste Pläne. Lassen Sie es nicht einfach auf sich zukommen.

– Wählen Sie etwas aus, das Ihnen Spaß macht, etwas, worauf Sie sich freuen können, sonst bleiben Ihnen nur die unerledigten, unerfreulichen Alltagsarbeiten für das Wochenende.

»Mein ältester Sohn war achtzehn und hatte gerade sein erstes College-Jahr begonnen, mein jüngerer Sohn war fünfzehn und ging in die High-School, als mein Mann von uns wegging«, berichtet Mina, 49. »Er zog aus, als ich auf einer Dienstreise war, ohne jemandem etwas davon zu sagen. Er hatte schon seit einiger Zeit eine andere Frau, und ich wußte davon. Damals hatte ich mir vorgestellt, er würde vielleicht so lange bei uns bleiben, bis die beiden Jungen aufs College gingen, denn damit wäre so in etwa die Zeit unserer gemeinsamen Kindererziehung abgeschlossen gewesen. Wissen Sie«, ergänzt sie lachend, »ich dachte, so wie wenn man noch drei weitere Jahre bei der Armee bleibt, damit man den Pensionsanspruch nicht verliert. Nicht, daß wir eine wundervolle Beziehung gehabt hatten! Aber als ich nach Hause kam und sah, daß er ausgezogen war, blieb mir schier das Herz stehen. Hinzu kam, daß drei Wochen später meine Mutter ganz unerwartet starb. Was für ein Jahr! Ich war fix und fertig und hatte regelrecht Panikanfälle, vor allem wegen finanzieller und anderer praktischer Angelegenheiten. Aber mit der Zeit gewöhnte ich mich daran und dachte – vor allem, wenn ich mich in mein Bett kuschelte, alle meine Kissen um mich herum, ein gutes Buch und die Fernbedienung für den Fernseher in der Hand –: ›O Mann, wie wunderbar! Das ist das bestgehütete Geheimnis.‹ Ich liebe es, allein zu leben. Mein jüngerer Sohn geht seit diesem Jahr aufs College, also sind jetzt nur noch ich und die Katze übrig. Und ich finde es einfach toll. Fünf Jahre sind seit meiner Trennung vergangen. Ich habe wieder eine sehr schöne Beziehung, aber ich finde es viel schöner, allein zu leben. Ursprünglich graute mir vor dem Tag, an dem mein Sohn das Haus verlassen würde. Aber ehrlich gesagt, jetzt bin ich heilfroh und will nie mehr mit

einem Mann das Bad teilen müssen. Wenn ich jemals wieder mit jemandem leben sollte, dann werde ich ganz entschieden auf mehr Freiraum für mich und mein Leben achten.«

8
Geduld! Geduld!

Ich bin außerordentlich geduldig, vorausgesetzt, es geht letztendlich alles nach meinem Wunsch.
Margaret Thatcher

Eine komplizierte Sache kann man nicht schnell über die Bühne bringen. Wenn Sie es trotzdem versuchen, geht fast immer irgend etwas schief. Sie sind kein geduldiger Mensch? Dann sollten Sie lieber die Finger davon lassen, ein Kostüm selbst zu schneidern oder Ihrem halbwüchsigen Kind das Autofahren beizubringen. Überlassen Sie das jemand anderem.

Leider können Sie Ihre Scheidung nicht jemand anderem überlassen. Da müssen Sie selbst durch. Und Sie werden sehr geduldig sein müssen.

Selbst wenn die Ehe nur von kurzer Dauer war, hat sie sich über lange Zeit hin entwickelt. Sie hat eine sehr komplexe Struktur. Wenn Sie nicht wollen, daß alles um sie herum zusammenstürzt (oder noch schlimmer: *auf* Sie), dann müssen Sie sorgfältig und vorsichtig abbauen.

Haben Sie sich erst einmal zu dem Entschluß, sich scheiden zu lassen, durchgerungen, wünschen Sie sich verständlicherweise, es möge morgen alles vorüber sein. So kann und wird es nicht sein.

Auf die eine oder die andere Weise werden Sie alle Stationen einer Scheidung durchleben müssen. Lediglich die juristische Prozedur läßt sich beschleunigen.

Dabei besteht jedoch die Gefahr, daß Sie Bedingungen zustimmen, die auf lange Sicht nicht zu Ihren Gunsten sind. Momentan wollen Sie nur eine schmerzliche Situation so schnell wie möglich hinter sich bringen. Um frei zu sein, würden Sie jetzt fast alles akzeptieren. Aber was ist mit Ihrer Zukunft? Sind Sie auch in der Lage, wohlüberlegt für Ihr zukünftiges Leben zu entscheiden? Sie könnten es später bereuen.

Lassen Sie sich Zeit. Was Ihnen jetzt so wichtig erscheint, hat vielleicht schon bald seine Dringlichkeit verloren. Setzen Sie nicht eine gesicherte Zukunft aufs Spiel, nur um möglichst schnell ans Ziel Ihrer Wünsche zu kommen. Passen Sie gut auf sich auf.

Selbst wenn Sie ein schnelles Scheidungsurteil anpeilen, sollten Sie sich darüber im klaren sein, daß emotionale Veränderungen lange Zeit in Anspruch nehmen. Wie lange? So lange sie eben brauchen. Es hilft nichts: Sie müssen Geduld üben. Verzagen Sie nicht. Sie schaffen es.

- Geduld ist eine Tugend, die Sie pflegen müssen.
- Es gibt keine schnelle Scheidung. Emotionale Reisen brauchen Zeit.
- Schaffen Sie sich nicht lebenslängliche Probleme, nur weil Sie den gegenwärtigen Schmerz möglichst schnell hinter sich bringen wollen.

»Lassen Sie sich Zeit«, rät Elena, 46. »Als wir uns trennten, haben mein Mann und ich uns erst einmal das nächste Jahr überlegt. Ich wollte das so, weil ich nicht willens war, für meine Kinder, die damals elf und dreizehn waren, langfristige Entscheidungen zu treffen. Ich hatte einfach nicht das Gefühl, genug zu wissen, um vernünftig handeln zu können. Also beschlossen mein Mann und ich, erst einmal Entscheidungen für ein Jahr zu treffen und danach die endgültigen Scheidungsbedingungen

festzulegen. Ich war wirklich froh, daß ich das so geregelt hatte. Ich habe gelernt, niemals spontan einer Sache zuzustimmen – lieber zu Hause alles noch einmal zu überdenken. Obwohl ich so vorsichtig war, war ich nicht geduldig genug. Das ewige Verhandeln wurde mir allmählich lästig, und so nahm ich, was ich heute bekommen konnte, und dachte nicht an morgen. Ich hatte nichts in bezug auf die College-Ausbildung meiner Kinder geregelt. Damals schien mir das noch in weiter Ferne. Aber als es dann so weit war, hatte ich nicht mehr dieselbe Kraft, etwas mit meinem Ex-Mann auszuhandeln. Es war sehr schwierig, ihn dazu zu bringen, für die Universitätsausbildung unserer Kinder mitzubezahlen. Das war in den ersten College-Jahren meiner Tochter ein echtes Problem. Ich hatte dem Hier und Jetzt die Zukunft geopfert. Heute würde ich versuchen, noch umsichtiger zu handeln.«

9
Behalten Sie den Überblick

Um der Welt, in der wir leben, aufgeschlossen gegenüberzutreten, müssen wir uns überlegen, wofür und nicht wogegen wir eintreten möchten.
Christina Baldwin

Selbst Menschen, die fast immer einen kühlen Kopf behalten, finden es schwer, objektiv zu bleiben, wenn sie über einen längeren Zeitraum hinweg Tag für Tag mit Problemen, Schwierigkeiten und unangenehmen Entscheidungen konfrontiert sind.

Sie demontieren einen wesentlichen Teil Ihrer Lebensstruktur, wenn Sie eine Ehe beenden. Gleichzeitig bauen Sie sich das Fundament Ihres zukünftigen Lebens auf. Dabei dürfen Sie, während Sie auseinanderdividieren, das, was sie auf die Beine stellen wollen, nicht aus den Augen verlieren. Gewiß keine leichte Aufgabe.

Jede von einer Scheidung Betroffene handelt unter Druck und Streß. Emotionale Extremreaktionen sind die natürliche Reaktion. Wenn Ihr ehemaliger Ehepartner Sie beschimpft, dann würden Sie ihm am liebsten auf der Stelle einen bösen Brief schreiben und ihm alle Ihre Beschwerden an den Kopf werfen. Überlegen Sie gründlich, ehe Sie das oder etwas anderes tun, was die Kluft zwischen Ihnen beiden noch vergrößern könnte. Sie werden noch sehr viel miteinander aushandeln müssen.

Wenn Freunde Sie durch Unverständnis enttäuschen, dann überdenken Sie die Geschichte dieser Freundschaft, ehe Sie den Kontakt völlig abbrechen. Stehen Ihnen diese Menschen schon lange sehr nahe? Können Sie sie sich in Ihrem zukünftigen Leben vorstellen, nachdem sich alles beruhigt hat?

Denken Sie möglichst bei jeder Reaktion langfristig. Sie haben vor, in Ihre Heimatstadt zurückzukehren, weil Sie jetzt wirklich nichts dringender brauchen als jemanden, der sich um Sie kümmert? Aber wie lange wollen Sie dort bleiben? Was für ein Leben könnten Sie sich dort aufbauen? Wenn Sie es sich nach einigen Wochen oder Monaten anders überlegen, könnten Sie dann immer noch an Ihren früheren Wohnort und an Ihren Arbeitsplatz zurückkommen?

Brechen Sie jetzt nicht alle Brücken ab, nur weil Sie in einer emotionalen Ausnahmesituation sind. Versuchen Sie, bei jeder Handlung und bei jeder Reaktion soweit wie möglich vorauszublicken. Üben Sie Weitsicht. Das macht Sie ruhiger und objektiver. Und damit haben Sie auf jeden Fall die Nase vorn.

– Fragen Sie sich, wo Sie sein wollen, wenn dies alles vorüber ist, ehe Sie wichtige Entscheidungen treffen.

- Wann immer Sie sich heute total geschafft fühlen, versuchen Sie, soweit wie möglich an die Zukunft zu denken.
- Wenn Sie das Gefühl haben, unbedingt Dampf ablassen zu müssen, dann überlegen Sie, welche Langzeitauswirkungen das auf Ihre Beziehung haben wird.

Brenda, 44, wurde geschieden, als ihre Zwillingstöchter sieben Jahre alt waren. »Nach unserer Trennung rief mich meine Schwiegermutter eine Zeitlang fast jede Woche an, um mir vorzujammern, wie schrecklich es wäre, daß Marty und ich uns getrennt hatten. Sie schlug vor, ich sollte mir doch ein par sexy Nachthemden kaufen und auf diese Weise eine Versöhnung versuchen. Sie war unglaublich verletzend, aufdringlich und nervenaufreibend. Unsere Scheidung war in vielfacher Hinsicht ganz und gar nicht einfach. Ich fühlte mich sehr unter Druck und bemühte mich sehr, den Kindern in dieser schwierigen Situation zu helfen. Eines Abends platzte mir einfach der Kragen, und ich verbot meiner Schwiegermutter, jemals wieder anzurufen. Danach war ich für eine oder zwei Wochen wirklich froh, mir ihr Gewinsele nicht mehr anhören zu müssen. Aber sie ist eine wirklich tolle Großmutter. Sie liebt meine Töchter, und die Kinder haben sie gern. Und wir wohnen nur ein paar Meilen voneinander entfernt. Wollte ich wirklich meinen Kindern die Großmutter vorenthalten, nur weil sie mich verrückt machte? Ich schrieb ihr einen Brief und entschuldigte mich für mein Verhalten. Aber ich gab ihr auch einige Grundregeln für unser Verhältnis vor. Ich sagte ihr klipp und klar, daß ich ihre Fragen und ihre Kritik leid war und nichts mehr davon hören wollte. Kurz darauf rief sie mich an, und wir waren wieder in Kontakt. Allerdings mußte ich sie mehrmals daran erinnern, gewisse Dinge nicht anzusprechen, aber im großen und ganzen funktioniert es mit uns recht gut. Ich kann mir wirklich nicht vorstellen, wie es gewesen wäre, wenn ich versucht hätte, sie von den Kindern fernzuhalten. Das wäre einfach allen gegenüber ungeheuer unfair gewesen. Wir können uns glücklich schätzen, daß sie so viel Freude an den Kindern hat. Inzwischen kann ich mich sogar an dem Vergnügen, das sie mit ihren Enkelinnen hat, freuen, auch wenn wir beide nie die besten Freundinnen sein werden. Sie ist eine wunderbare Großmutter.«

10
Wie du mir, so ich dir?

Zum erstenmal hatte ich so etwas wie Rachsucht verspürt; so aromatisch wie ein Schluck Wein erschien sie mir, warm und würzig; der Nachgeschmack hingegen war metallisch und zerstörend. Ich hatte das Gefühl, vergiftet worden zu sein.
Charlotte Brontë

Es ist schwierig, nicht auf Rache zu sinnen, wenn einem ein Mensch Kummer und Leid zugefügt hat. Sinnen Sie ruhig. Aber belassen Sie es bei dem Sinnen. Das brauchen Sie für Ihre mentale Gesundheit.

Echte Rache ist ganz etwas anderes. Es gibt absolut keinen langfristigen Nutzen aus Racheakten Ihrem ehemaligen Ehepartner oder irgend jemandem sonst gegenüber in bezug auf das Ende Ihrer Ehe. Bewahren Sie sich auf jeden Fall Ihre Selbstachtung. Jedes Quentchen Stolz, das Sie aus sich selbst herausholen können, wird Ihnen während der Scheidungszeit Kraft und Ausdauer geben. Ein Racheakt hingegen mag zwar ein momentanes Triumphgefühl bringen, Ihrem Ego tun Sie allerdings damit selten etwas Gutes. Sie müssen ja nicht gleich die andere Wange hinhalten. Ihr Ziel ist, mit erhobenem Kopf aus der Sache herauszukommen.

Haben Sie mit Ihrem ehemaligen Ehepartner Kinder, müssen Sie alles in Ihrer Macht Stehende tun, die Beziehung zu ihrem Vater zivilisiert zu gestalten. Selbst wenn es nicht zu umgehen war, den Kontakt mit ihm auf ein Minimum zu reduzieren, sollten *Sie* zumindest höflich bleiben. Sie können sehr kühl bleiben, wenn er versucht, Sie zu provozieren, aber widerstehen Sie auf jeden Fall der Versuchung, Gleiches mit Gleichem zu vergelten. Damit würden Sie riskieren, daß Ihre Auseinandersetzungen außer Kontrolle geraten. Und das kann nur schädlich für alle Beteiligten sein.

Konzentrieren Sie sich auf das Aufbauen, nicht auf das Abreißen. Verwenden Sie Ihre Energie dazu, sich ein schönes Leben zu schaffen. Ihr Wohlergehen ist wahrlich die beste Rache, die Sie nehmen können. Nach einer Weile werden Sie nicht einmal mehr in Ihrer Phantasie Rache nehmen müssen.

- Stehen Sie über dem Wunsch, Gleiches mit Gleichem zu vergelten.
- Ignorieren Sie Gemeinheiten einfach.
- Denken Sie nicht darüber nach, was er Ihnen angetan hat.
- Denken Sie darüber nach, was Sie für sich tun können.

Ellen und Nick waren sieben Jahre verheiratet, als sie beschlossen, sich zu trennen. »Nichts ging glatt«, sagt Ellen, 34. »Nick bestand darauf, das Haus für sich zu behalten, also zogen meine Tochter, das Kindermädchen und ich zu meinen Eltern. Aber selbst das war Nick nicht genug. Schon nach einer Woche tauchte er bei meinen Eltern auf, brach dort einen Riesenkrach vom Zaun und schlug mich schließlich zu Boden. Das gab mir den Rest. Am selben Nachmittag zeigte ich ihn wegen Körperverletzung an. Danach verbrachte ich meine Zeit fast nur noch damit, die Schwierigkeiten, die er mir machte, abzuwehren. Er zahlte seinen Anteil an den Rechnungen nicht mehr, er brüllte mich wiederholt am Telefon an und zitierte mich noch zweimal vor Gericht, um seine Unterhaltszahlungen für unsere Tochter zu reduzieren und das Besuchsrecht zu ändern, nur um mir das Leben schwerzumachen. Aber ich habe daraus etwas sehr Wertvolles gelernt: Sie dürfen sich davon nicht auffressen lassen. Sie müssen sich davon losmachen. Natürlich sind Sie wütend und ärgerlich, aber Sie müssen es einfach links liegen lassen. Es gibt wichtigere Dinge im Leben. Sie müssen weitermachen und herausfinden, was Ihnen Spaß macht. Und das müssen Sie dann tun. Mein Ex-Mann wird immer ein Spinner bleiben, er wird mir immer Schwierigkeiten machen. Das hat er mir selbst gesagt. Er arbeitet weiter mit Hilfe von Rechtsanwälten und Gerichten gegen mich. Ich kann ihn nicht ändern. Ich kann nur meine Haltung ändern. Und ich will mir selbst etwas Gutes tun, indem ich mir ein schönes Leben schaffe, nicht eines, in dem Zorn und Verdruß vorherrschen. Dafür tue ich einiges. Mein Geschäft geht gut, und ich liebe meine Arbeit. Meine Tochter ist mein ganzes Glück. Das sind die Dinge, an die ich denken will, und dafür will ich meine Energien aufwenden.«

11
Verantwortungsbewußtsein statt Schuldgefühle

Fehler sind die Gebühren, die man für ein erfülltes Leben zahlt.
Sophia Loren

Schuldgefühle bringen Sie nicht weiter. Vergeben Sie sich und blicken Sie nach vorne. Jeder macht Fehler. Das Beste, was man noch daraus machen kann, ist, sie zu analysieren, damit eine Wiederholung ausgeschlossen ist.

Mit Schuldgefühlen machen Sie es sich eigentlich zu leicht. Sie haben einfach ein schlechtes Gewissen, sollten aber lieber den Fehlern auf den Grund gehen. Es nützt nichts, sich tadelnd an die Brust zu klopfen, weil man auch sein Scherflein zum Scheitern der Ehe beigetragen hat. Nehmen Sie Papier und Bleistift zur Hand und schreiben Sie auf, was Ihre Pflicht und was die Ihres Mannes gewesen wäre. Keiner beendet eine Ehe ganz für sich allein.

Erforschen Sie ganz genau, an welchen konkreten Punkten Ihre Ehe schiefgelaufen ist, und geben Sie sich nicht mit Verallgemeinerungen zufrieden. So ist es zum Beispiel sinnvoller zu sagen: »Ich habe meine Zuneigung nicht so klar und offen gezeigt, wie er es sich gewünscht hat«, als so etwas wie: »Ich bin einfach nicht nett genug.« Aus der Erkenntnis: »Ich hatte Angst, über Dinge, die mich störten, zu reden, also schmollte ich lieber die meiste Zeit«, können Sie etwas lernen, nicht aber aus der Feststellung: »Ich bin ein launischer, schwieriger Mensch.« Betrachten Sie, was Sie getan haben und was nicht. Verurteilen Sie sich nicht zum Tode. Auch gute Menschen begehen Fehler.

Wenn Sie versuchen, bei Ihrer Liste so ehrlich wie möglich zu sein, wird sie vielleicht nur aus einigen wenigen Dingen – Verhaltensmuster, Denkweisen, Ausdrucksweisen – bestehen, die Sie jetzt ändern können.

Bei Freundschaften oder in neuen Beziehungen können Sie das aus der Erfahrung Gelernte einbringen.

- Ergründen Sie, was schiefgelaufen ist, anstatt alles unter einer großen Decke von Schuldgefühlen zu verstecken.
- Sortieren Sie, was Sie anders hätten machen können, und, was außerhalb Ihres Einflußbereichs stand.
- Rechnen Sie sich als Verdienst an, aus Erfahrung lernen zu können.

»Ich war diejenige, die unsere Ehe beendete, und der letzte Schritt, die letzte Geste war, eine Affäre zu haben«, berichtet Patricia, 51. »Alles konzentrierte sich nurmehr darauf. Weder mein Mann noch ich dachten an unsere elfjährige Ehe, die Affäre stand im Vordergrund. Es oblag mir herauszufinden, wo ich verantwortlich war. Ich mußte dieses eine Vorkommnis ausklammern. Ich mußte Verantwortung dafür übernehmen, mußte mir darüber klarwerden, daß ich mit dieser Affäre etwas Unwiderrufliches getan hatte. Aber ich mußte es auch von der Verantwortung trennen, die wir beide für die Probleme in unserer Ehe hatten. Verantwortung ist wirklich etwas Gutes. Verantwortung klingt anders als Schuldgefühl. Den Unterschied muß man erst lernen. Es gab Verantwortlichkeiten in unserer Beziehung, die ich wahrnahm, und solche, die ich ignorierte. Das zu durchdenken hat mir für meine jetzige Ehe enorm viel geholfen. Schließlich bringt man seine Persönlichkeit in jede neue Beziehung mit ein. Aus Erfahrung kennt man die üblichen Fallgruben und lernt, nicht wieder hineinzutapsen. Man kann wirklich lernen, seine Verhaltensmuster nicht zu

wiederholen. Natürlich kann man es sich leichtmachen und sagen: ›Ich war perfekt, und er war ein Idiot‹, oder umgekehrt, aber das ist normalerweise nicht der Fall.«

12 Positive Ausstrahlung durch positives Handeln

Es ist schwer, einen Feind zu bekämpfen, der sich in deinem Kopf festgesetzt hat.
Sally Kempton

Während Sie das Territorium Ihres neuen Lebens abstecken, werden Sie mit vielen Unsicherheiten und Situationen konfrontiert werden, die Sie nicht kontrollieren können. Eine sehr wichtige Position nimmt dabei aber Ihre Einstellung ein, die Sie sehr wohl beeinflussen können. Es braucht ein wenig Übung, aber man kann durchaus lernen, in einer Weise an sich zu glauben, die den Herausforderungen eines veränderten Lebens nur gut tun kann.

Sicherlich klingt es banal, aber es stimmt tatsächlich: Setzen Sie ein glückliches Gesicht auf, und Sie werden sich glücklicher fühlen. Wenn Sie Zuversicht in Ihre Fähigkeiten haben, werden Sie sich auch mehr zutrauen. Wahrscheinlich haben Sie es auch schon einmal erlebt, daß Sie besser drauf sind, wenn Sie schick angezogen sind. Das gleiche gilt auch für Ihr Ego. Jemand, der sich selbst mag, fühlt sich voller Energie und projiziert diese auf seine Umwelt.

Zugegeben: Wer mitten in einer Scheidung steckt, kann sich nicht immer und dauernd gut leiden. Wie soll man positiv wirken, wenn ständig erwartete und unerwartete Probleme auf einen einstürmen? Manchmal werden Sie sich schon einen gehörigen Ruck geben müssen.

Und immer dann, wenn Sie das Gefühl haben: »Das schaffe ich nicht«, ist die Zeit gekommen, sich vor den Spiegel zu stellen und sich selbst zu versichern, daß man es sehr wohl schafft. Einen schwierigen Tag erfolgreich hinter sich bringen ist wie ein positiv verlaufenes Vorstellungsgespräch: Sie betreten den Raum selbstsicher, gelassen und voller Zuversicht, den Job zu bekommen.

Statt des ewigen blauen Kostüms oder der ausgeleierten Jeans mit dem Pullover sollten Sie heute etwas anderes aus dem Schrank holen, etwas Farbiges, in dem Sie sich schon immer gut fanden. Lassen Sie sich die Haare schneiden, oder kaufen Sie sich diese hinreißend aufregende Sonnenbrille. Damit ist jetzt nicht gemeint, daß Sie Ihren Stil radikal ändern sollen. Bleiben Sie ruhig Sie selbst, aber geben Sie sich die Chance, Ihr *bestes* Selbst zu zeigen, das Selbst, das auch Sie am liebsten mögen. So sind Sie gegen die Fährnisse des Tages hervorragend gewappnet. Und wenn das so ist, dann werden Sie auch mehr Erfolg haben, und der morgige Tag wird Ihnen wieder ein Stück leichter fallen als der heutige.

- Ihr Handeln kann die Art, wie Sie sich fühlen, dramatisch verbessern.
- Optimistisches, positives Handeln bringt Ihnen die Unterstützung Ihrer Umwelt.
- Der Erfolg, den Sie für sich verbuchen können, indem Sie so handeln, wie Sie sich gerne fühlen möchten, wird für sich sprechen. Dann werden Sie auch nicht mehr nur so tun müssen, als wären Sie erfolgreich.

Susan ist 37 und hat zwei Kinder, sieben und fünf Jahre alt. Sie berichtet: »Als Rob und ich uns trennten, war ich einige Jahre bei den Kindern zu Hause gewesen. Ledig-

lich in der Vorschule, in die beide gingen, habe ich gelegentlich ausgeholfen. Plötzlich mußte ich wieder für uns alle den Lebensunterhalt verdienen. Ehe die Kinder zur Welt kamen, war ich Sekretärin bei einem Rechtsanwalt gewesen, aber damals hatte es weder Computer noch Faxgeräte gegeben. Wenn ich also mit meinem Fachwissen von früher noch etwas ausrichten wollte, mußte es bei einer Kanzlei sein, die mir die Chance geben würde, meinen technischen Rückstand aufzuholen. Der Zeitpunkt war alles andere als optimal. Noch nie zuvor hatte ich so sehr das Gefühl, eine Versagerin zu sein. So vieles auf einmal stürmte auf mich ein: Ich mußte mich selbst um Haus und Auto kümmern und mich außerdem mit den Rechtsanwälten rumschlagen. Als ich beschloß, wieder in meinen alten Beruf zurückzukehren, hatte ich keine Ahnung, ob ich es mit all den gutausgebildeten jungen Dingern würde aufnehmen können. Aber ich hatte keine andere Wahl. Ich mußte raus ins Leben und mich anpreisen. Ich rief Leute an, für die ich früher gearbeitet hatte, und bekam tatsächlich die Chance zu Vorstellungsgesprächen. Als der Termin gekommen war, befiel mich schon beim Aufwachen die totale Panik. Dann holte ich etwas aus dem Kleiderschrank, in dem ich mich besonders gut leiden mochte, und sagte meinem Spiegelbild, daß ich schließlich ein Profi mit jeder Menge Erfahrung sei – was auch stimmte, wenn man einmal davon absah, daß ich völlig den Anschluß verloren hatte. Ich versuchte, mich zumindest vorübergehend davon zu überzeugen, daß der Firma mit mir ein ausgesprochener Glücksfall widerfahren würde. Dann machte ich mich auf den Weg. Ich zeigte Ihnen, was ich gearbeitet hatte, und erzählte ihnen, warum ich besser für den Job geeignet war als irgend jemand sonst. Je länger ich redete, um so mehr glaubte ich selbst daran. Und einer gab mir schließlich die Chance und den Job. Als ich bei der Tür hereinkam, war die vertraute Atmosphäre gleich wieder da. Die technischen Neuerungen habe ich ziemlich schnell gelernt. Die Textverarbeitung macht richtig Spaß, und überhaupt gefällt mir die Arbeit sehr. Jetzt muß ich nicht mehr so tun, als würde ich mich selbst mögen – ich tue es wirklich.«

13
Probleme? Eins nach dem anderen

Es ist sinnlos, ungelegte Eier ausbrüten zu wollen.
Sarah Orne Jewett

Es wird Tage geben, an denen Sie das Gefühl haben, von dringenden Problemen förmlich erdrückt zu werden. Wie sollen Sie jemals wieder den Kopf über Wasser bekommen? Gehen Sie systematisch vor und immer schön der Reihe nach.

Wenn Ihnen das wie ein Arztrezept klingt – genau das soll es auch sein. Denken Sie nicht an alle Probleme gleichzeitig, sonst geraten Sie unweigerlich in Panik. Und dann können Sie überhaupt keine Probleme lösen.

Teilen Sie die Probleme und Ihre Überlegungen dazu erst einmal in zwei große Gruppen: in kurz- und in langfristige.

In der ersten Abteilung werden Fragen auftauchen wie: Wann sollen Freunde und die Familie von unserer Scheidung erfahren? Wen kann ich, ohne allzu doof dazustehen, fragen, wie man den Filter an der Heizung auswechselt? Wie soll ich die neue Benzinpumpe bezahlen, die mein Wagen plötzlich braucht?

Langfristig wird zu überlegen sein, wie Sie Ihr neues

gesellschaftliches Leben angehen, wie Sie genug verdienen können, um komfortabel zu leben, und ob Sie vielleicht in ein anderes Stadtviertel oder überhaupt in eine andere Stadt ziehen wollen.

Wenn die Benzinpumpe heute ihren Geist aufgegeben hat, dann sollten Sie das in Angriff nehmen. Und nur das. Lassen Sie es nicht zu, daß Ihre Gedanken abschweifen: Wer wird sie richten? Wovon soll ich sie zahlen? Wie müßte ich eigentlich aussehen, um einen besser bezahlten Job zu bekommen? Wie will ich jemals neue Leute kennenlernen? Soll ich die Zelte abbrechen und gen Westen ziehen? Lösen Sie einfach nur das Problem mit der Benzinpumpe. Und seien Sie stolz darauf, daß Sie das geschafft haben. Erst wenn Sie wirklich davon überzeugt sind, daß Sie Ihre Probleme in den Griff bekommen, wenn Sie das gute Gefühl haben, eine selbständige, unabhängige Frau zu sein, dann erst gehen Sie zu den langfristigen über. Nach und nach bieten sich Ihnen Lösungen an, besonders, wenn Sie klare Prioritäten setzen und versuchen, entspannt zu bleiben.

- Versuchen Sie nicht, alle Probleme auf einmal zu lösen.
- Konzentrieren Sie sich auf das Nächstliegende. Gehen Sie langfristige Aufgaben erst an, wenn Sie sich kompetent genug dafür fühlen.
- Klopfen Sie sich erst einmal für ein gelöstes Problem kräftig auf die Schulter, ehe Sie zum nächsten weiterhetzen. Das stärkt Ihr Selbstvertrauen ungemein.

»Mindestens einmal pro Woche verfiel ich regelrecht in Panik, wenn ich nur an all die Probleme dachte, die mich bedrückten«, erzählte Marcella, 38. »Meine beiden Söhne gingen noch in die Grundschule, und ich wollte sie auf keinen Fall aus ihrer gewohnten Umgebung reißen. Ich war immer bei ihnen zu Hause gewesen. Großartige Berufserfahrung konnte ich also nicht bieten. Tim und ich mußten das Haus verkaufen, um unsere Vermögensver-

hältnisse regeln zu können. Ich wußte wirklich nicht mehr, worüber ich mir zuerst Sorgen machen sollte. Und dann war da natürlich auch noch der Alltag zu bewältigen. Nachts lag ich wach und zählte Probleme wie andere Leute Schäfchen. Der chronische Schlafmangel ging mächtig an die Substanz. So konnte es nicht weitergehen. Ich stand also nachts auf und begann, alles, worum ich mich kümmern mußte, aufzuschreiben. Dann ordnete ich die Liste danach, was diese Woche erledigt werden sollte. Die weniger dringenden Dinge kamen an das Ende der Liste, allein das Bewußtsein, daß ich alles in eine gewisse Ordnung gebracht hatte, beruhigte mich. Endlich konnte ich einschlafen. Erst durch diese innere Ruhe war ich fähig, mir für einige unserer größten Probleme etwas einfallen zu lassen. Ich kam mit Tim überein, daß wir in dem Haus bleiben konnten, bis die Kinder die Grundschule abgeschlossen hatten. Dazu gehörte auch, daß er mir mehr Unterhalt zahlte, damit ich eine Ausbildung als Beschäftigungstherapeutin machen konnte. Als wir später das Haus tatsächlich verkauften und umzogen, habe ich Tim das Geld zurückgezahlt. Ich fühlte mich dann aber durchaus in der Lage, mein Leben selbst in den Griff zu bekommen.«

14
Achten Sie auf Ihre Gesundheit

Ich glaube, das Körperliche ist die Geographie jedes Wesens.
Louise Nevelson

Streß geht an die Substanz, und eine Scheidung ist einer der aufreibendsten Lebensabschnitte, die Sie durchmachen müssen. Jetzt ist die Zeit, auf Signale Ihres Körpers zu achten und etwas zu unternehmen, daß eben dieser Streß nicht noch mehr Schaden anrichtet.

Sicher haben Sie schon früher positive Erfahrungen gemacht, wenn Sie kleinere Krisen effektiv gemeistert haben. Ein entspannendes Wannenbad oder ein langer Spaziergang können eine sehr wirkungsvolle Therapie sein. Ideal ist auch ein Wochenende in einer ganz anderen Umgebung.

Bei den meisten Frauen zieht sich die gesamte Abwicklung einer Scheidung etwa über zwei Jahre oder länger hin. Und das ist nur die »offizielle« Zeit. Also tun Sie gut daran, ein langfristiges Anti-Streß-Programm für sich anzulegen.

Der Nutzen, den Sie aus einem einstündigen, aerobicartigen Training dreimal pro Woche für Herz und Muskeln ziehen, ist enorm, und für Sie in Ihrer Situation ganz besonders. Sie reduzieren nicht nur Ihr Risiko, krank zu werden, auch Ihre Ängste und Depressionen werden sich in nichts auflösen. Und da Sie zudem noch viel besser aussehen, hebt das Ihr Selbstbewußtsein ganz ungeheuer.

Das körperliche Training ist auch ein guter Grund, dem Alltagstrott zu entfliehen. Sie müssen sich eine oder zwei Stunden nur auf sich selbst konzentrieren. Nehmen Sie die Gymnastik als festen Bestandteil in Ihre Arbeitswoche mit auf. Denken Sie daran: Es kommt Ihrer Gesundheit zugute. Betrachten Sie es nicht als »Freizeit«, sondern als Teil Ihres Berufs, fit zu bleiben und auf Ihre Gesundheit zu achten. Während Sie im Schwimmbad Ihre Runden drehen oder radfahren, kommen Sie zur Ruhe und können produktiv überlegen. Sie werden in der Aerobic-Stunde mit netten Leuten viel Spaß haben. Machen Sie etwas, das Ihnen wirklich Spaß macht, nicht etwas, was Ihnen sehr mühselig erscheint.

Durch regelmäßiges Trainieren Ihres Körpers können Sie eigentlich nur gewinnen. Sie werden sich geistig *und* körperlich besser fühlen.

- Fragen Sie Ihren Arzt, welche Art von körperlichen Übungen am besten für Sie wären.
- Körperliches Training muß ein fester Bestandteil, nicht ein Luxus, Ihrer Arbeitswoche sein.
- Suchen Sie etwas aus, das mehr Spaß als Arbeit für Sie bedeutet. Doch, natürlich ist es in Ordnung, sich während einer Krise zu amüsieren. Es ist sogar gut für Sie.

»Gesundheitsprobleme hatte ich in den ersten Monaten keine, aber ich war total fertig«, sagt Margo, 56. »Eine Freundin riet mir, mich körperlich zu betätigen, das wäre gut für meine geistige Gesundheit. Also fing ich an, Bergwanderungen zu machen, und das ist jetzt ein wichtiger Teil meines Lebens geworden. In jungen Jahren bin ich viel gewandert, aber nie mit sehr großer Begeisterung. Meine beiden Kinder gehen auch bergwandern, folglich können wir auch zusammen etwas unternehmen. Gerade erst haben wir eine Wanderreise nach Neuseeland gemacht. Die Kinder haben mich gefragt, ob ich nicht mitkommen wollte. Auch im Yosemite Park sind wir gewandert. Und letzten Sonntag war ich den ganzen Tag unterwegs. Es ist einfach eine wunderbare Sache. Ich gehe immer mit einer Gruppe, nie allein. Wenn ich in der Mitte der Gruppe gehe, fühle ich mich sicher und doch für

mich allein. Am Ende eines Wandertags sieht die Welt ganz anders, einfach wundervoll aus, und ich habe das Gefühl, Bäume ausreißen zu können. Und meinem Körper hat die körperliche Tätigkeit auch gutgetan. Jetzt muß ich nicht mehr so aufpassen, was und wieviel ich esse. Mindestens einmal pro Woche gehe ich wandern und nehme außerdem jede Gelegenheit zu einem Spaziergang wahr, entweder allein oder mit einer Freundin. Gestern ging ich im strömenden Regen eineinhalb Meilen zur U-Bahn. Ich glaube, ich war gestreßt. Denn ich hatte trotz des Regens ein dringendes Bedürfnis nach Bewegung. Es hat wirklich geholfen.«

15
Bewahren Sie sich Ihren Sinn für Humor

Humorlosigkeit macht das Leben unmöglich.
Colette

Wer sich seinen Sinn für Humor bewahrt, behält ein Gefühl für Verhältnismäßigkeit. Solange Sie noch über etwas, das schmerzt, lachen können, zumindest gelegentlich, haben Sie Ihr Gleichgewicht nicht verloren.

Scheidung erzeugt Chaos. Weil der ganze Vorgang ohnehin alles durcheinanderwirft, werden Sie ganz bestimmt ein paarmal vergessen, die Wagenfenster zu schließen, und es wird nachts auf die Sitzpolster regnen, oder Sie werden den Hund nach draußen und den Müll reinbringen. Eine Zeitlang werden Ihre Haare wie bei einem Marsmännchen senkrecht vom Kopf abstehen, und Sie werden verzweifelt nach dem Gürtel zu Ihrem besten Kostüm suchen. Dafür hat aber das Manuskript Ihrer Rede, die Sie am selben Nachmittag halten sollen, in der Küche Erdnußbutterflecken abgekriegt.

Haben Sie Geduld mit sich selbst. Treten Sie einen Schritt zurück und betrachten Sie Ihre Situation. Wenn es nicht gerade Ihnen passiert wäre, müßten Sie wirklich darüber lachen. Veränderungen laufen selten geordnet ab. Aus einigen Fehlern kann man lernen. Über andere sollte man einfach nur lachen.

Ihr Sinn für Humor sollte jetzt ein wichtiger Begleiter für Sie sein. Es ist kein Scherz, daß Lachen die beste Medizin ist.

Darüber hinaus wird die Haltung, die Sie während Ihrer Scheidungszeit an den Tag legen, Ihren Freunden und Bekannten zeigen, ob Sie weiter Spaß am Leben haben oder nicht. Zweifellos brauchen Sie jetzt die Unterstützung und den Beistand Ihrer Freunde. Ganz sicher werden Sie mehr davon bekommen, wenn Sie ihnen zeigen, daß Sie auch lustig sein können.

Keine Angst – Sie müssen sich deshalb nicht zu falscher Fröhlichkeit zwingen. Manchmal werden Sie sich zu deprimiert fühlen, um irgend jemandem Ihre Anwesenheit anzutun. Manchmal werden Sie auch Ihre Sorgen mit einer nahestehenden Person besprechen wollen. Aber denken Sie dabei auch an den allgemeinen Eindruck, den Ihre Freunde von Ihnen bekommen. Wenn Sie sehen, daß Sie bei all Ihren Sorgen auch noch über sich lachen können, dann werden Sie auch öfter mit Ihnen zusammensein wollen und Ihnen zur Verfügung stehen.

Was noch viel wichtiger ist: Auch Sie selbst werden sich lieber mögen.

- Sehen Sie sich in Ihrem Umfeld um, ob es nicht etwas gibt, worüber Sie lachen können. Und dann lachen Sie herzlich darüber.
- Denken Sie daran: Lachen ist gesund.

- Rufen Sie Ihre Freunde an, wenn Sie etwas Lustiges zu erzählen haben, nicht nur, wenn Sie sich bei Ihnen ausweinen wollen.

»Es klingt unglaublich, aber es ist tatsächlich so passiert«, versichert Holly. Sie war elf Jahre verheiratet gewesen und hatte sich vor sechs Monaten von ihrem Mann getrennt. Nach einem Wochenende kam sie mit ihren beiden Söhnen nach Hause zurück. »Ich hatte mit den beiden Kindern einen Ausflug gemacht, weil ich einfach das Gefühl hatte, wir müßten aus dem Alltagstrott raus. Alles schien schiefzulaufen. Zwischen mir und dem Vater der Kinder herrschte Funkstille. An meiner Arbeitsstelle waren Entlassungen angesagt. Und ich hatte einen seltsamen Ausschlag, der mir ziemlich angst machte. Deshalb fuhr ich einfach weg, um den Kopf frei zu bekommen. Als wir nach Hause kamen, steckte ich den Schlüssel in das Schloß und sperrte auf, aber ich konnte die Tür nicht öffnen. Ich stemmte mich dagegen und merkte, daß etwas sehr Schweres die Tür blockierte. Ich konnte mir überhaupt nicht vorstellen, was passiert war. Schließlich konnte ich die Tür mit meiner Schulter gerade so weit aufdrücken, daß ich mich reinzwängen konnte. Das Wohnzimmer war voller Gesteinsbrocken. Während wir weg waren, war aus irgendeinem unerfindlichen Grund die Decke unseres Wohnzimmers eingestürzt. War es denn zu fassen? Ich setzte mich einfach auf den Boden und fing an zu heulen. Dann rief ich meine Freundin Nancy an und sagte: ›Du wirst es nicht glauben, aber die Welt stürzt wirklich über mir zusammen.‹ Sie mußte so sehr lachen, als ich ihr erzählt hatte, was passiert war, daß ich auch nicht anders konnte, als mitzulachen. Es war einfach so unglaublich und so symptomatisch für meine Situation. Es war beileibe kein Zuckerlecken, den Schaden beheben zu lassen. Aber es ist doch eine gute Geschichte. Seither glaube ich an schicksalhafte Vorkommnisse und halte das, was mir zu dieser Zeit widerfuhr, für einen großen kosmischen Scherz.«

16
Seien Sie darauf vorbereitet: Das Gesetz ist nicht immer fair, und es deckt nicht alle Bereiche ab

Zwischen Wahrheit und Fakten liegen Welten.
Fakten können die Wahrheit verschleiern.
Maya Angelou

Die Scheidungsbedingungen auszuarbeiten ist für gewöhnlich schwierig, kompliziert und frustrierend. Zudem ist äußerste Sorgfalt geboten. Was da von Juristen ausgehandelt wird, hat Auswirkungen auf Ihr gesamtes zukünftiges Leben.

Weder das Gesetz noch ein guter Rechtsanwalt werden Ihnen wirklich faire Modalitäten bieten können. Zum einen kennen Sie Ihre eigene Situation natürlich besser, als es je für einen Rechtsanwalt oder das Gesetz möglich sein kann. Das Gesetz hat außerdem eine relativ enge Sichtweise. Emotionale und persönliche Belange werden bei juristischen Entscheidungen nicht berücksichtigt. Vor Gericht stehen bei Besitzangelegenheiten Zahlen im Vordergrund, nicht die Fairneß irgend jemand gegenüber.

Die Gesetze in bezug auf Trennung, Scheidung und Vermögensaufteilung werden oft recht unterschiedlich zur Anwendung gebracht. Informieren Sie sich genau über die gesetzlichen Grundlagen.

Fast immer ist es das beste, die Bedingungen außergerichtlich mit Ihrem Ex-Partner auszuhandeln. Sie beide kennen die eigenen Lebensumstände am genauesten und können sich kreative Lösungen und Kompromisse ausdenken, auf die ein Richter nie kommen würde. Das könnte man auch von keinem Richter der Welt verlangen, und kein Gesetz bietet Raum für die Art von Konzessionen, die Sie sich zum gegenseitigen Wohl machen können.

Ihr Rechtsanwalt wird Ihnen wahrscheinlich raten, soviel wie möglich außergerichtlich zu regeln. Nehmen Sie diesen Rat sehr ernst. In den meisten Fällen fahren beide Parteien damit weitaus am besten. Es bringt weder Genugtuung, noch stillt es den Rachedurst, sich gegenseitig vor Gericht zu schleppen. Das sollte wirklich nur ein allerletzter Ausweg sein.

Verhandlung bedeutet nicht Kapitulation. Denken Sie daran:

- Sie müssen nicht verhandeln, wenn Sie sich nicht in der Lage dazu fühlen. Warten Sie ab, bis Sie einen klaren Kopf haben und sich für Ihre Sache einsetzen können.
- Erwarten Sie nicht, daß das Gesetz die Dinge aus Ihrer Sicht sieht.
- Bei juristischen Übereinkünften müssen Sie Ihre Emotionen soweit wie möglich beiseite schieben und Ihren Geschäftssinn auf den Plan rufen, wenn Sie zu annehmbaren Bedingungen kommen wollen.

Renee, 49, ließ sich vor elf Jahren scheiden, als ihre drei Kinder noch alle unter zwölf waren. Sie versuchte, soviel wie möglich mit ihrem Ex-Ehemann auszuhandeln. »Wir hatten zwar beide einen Rechtsanwalt«, sagt sie, »aber die meisten Bedingungen haben wir unter uns abgemacht. Wir haben nicht viel Geld ausgegeben, und wir gingen nicht vor Gericht. Wenn ich zurückdenke, dann wundere ich mich, wie wir das geschafft haben. Schließlich waren wir damals gar nicht gut aufeinander zu sprechen. Es blieb uns wohl nichts anderes übrig, weil wir so wenig Geld hatten und es uns nicht leisten konnten, die

Sache von Anfang an den Rechtsanwälten zu überlassen. Wir hatten zudem insofern Glück, als wir uns zugunsten der Kinder auf gewisse Dinge einigten, die das Gesetz so nicht vorgesehen hatte. Und wir hatten eine Basis geschaffen, auf der wir, wenn es um die Kinder ging, zusammenarbeiten konnten, was wir oft tun mußten, obwohl keiner von uns eine rege Freundschaft mit dem anderen pflegen wollte. Ich war wütend auf ihn, als wir uns scheiden ließen, aber ich bin auch froh, daß ich mich nicht nur auf das Gesetz verlassen habe. Das hätte sicher keinem von uns gutgetan. So ist es viel besser.«

17 Legen Sie Ihre Bedingungen schriftlich nieder – so vermeiden Sie spätere Auseinandersetzungen

Keiner kann sich auf den Edelmut
einer anderen Person verlassen.
Willa Cather

Noch einmal: Die zu verhandelnden Aspekte einer Scheidung sind reine Geschäftssache und sollten auch so behandelt werden. Sehr vieles, was sie durchmachen, ist emotional und persönlich. Für Unterhaltsanspruch, Versorgungsausgleich und Hausratsaufteilung jedoch brauchen Sie einen klaren Geschäftssinn.

Sie können Ihrem Ex-Mann emotional soweit wie möglich entgegenkommen, aber auf keinen Fall in diesem Bereich. Analysieren Sie Ihre Lebensumstände so objektiv wie möglich und denken Sie gründlich darüber nach, was Sie wirklich brauchen, um sich und Ihren Kindern eine brauchbare Existenzgrundlage für die Zukunft zu schaffen.

Frauen sind traditionsgemäß Friedensstifter, bemühen sich um Kompromisse und gütliche Lösungen. Das sind bewundernswerte und sehr nützliche Qualitäten, wenn sie richtig eingesetzt werden. Im Fall einer Scheidung müssen Sie sich über *Ihre* Bedürfnisse im klaren sein, *ehe* Sie an die Ihres Ex-Partners denken. Sicherlich wird es auch hier nicht ohne einen Kompromiß abgehen. Aber daran sollten Sie jetzt noch nicht denken. Sie laufen sonst Gefahr, mehr aufzugeben, als Sie wollen oder müssen. Treten Sie ganz entschieden dafür ein, was Sie brauchen. Das ist ein durchaus fairer Standpunkt.

Die meisten von uns gerieten bei den Verhandlungen mit unseren Ex-Partnern mehr als einmal in eine Sackgasse. Es ging um Dinge, bei denen man sich einfach nicht einigen konnte. Diese Dinge aus den Verhandlungen auszuklammern oder sie hintanzustellen ist wahrlich keine gute Idee. Es ist einfach ein Fehler, die Kosten für die Universitätsausbildung der Kinder nicht zu klären, nur weil die Kinder noch in den Windeln stecken. Jetzt ist die Zeit, in der die Beziehung zwischen den Partnern noch allen Beteiligten bewußt ist. Jetzt sollten diese Fragen gelöst werden, und die gefundene Lösung sollte schriftlich festgehalten werden, ganz besonders, wenn es um finanzielle Dinge geht.

Wenn Sie jetzt dranbleiben, ersparen Sie sich später Jahre der Unsicherheit. Sie wirken der Möglichkeit entgegen, daß der Partner später das Interesse verliert oder nichts mehr davon wissen will. Meistens ist es dann zu spät oder zu teuer, die Gerichte zu bemühen. Und häufig sind es auch genau die Punkte, über die man sich immer und ewig streiten könnte.

Es zeugt weder von Mißtrauen noch von Mißachtung, wenn Sie darauf bestehen, alles schriftlich zu haben. Es ist einfach klug und beweist Respekt vor der Zukunft.

- Halten Sie mit Ihren Wünschen nicht hinterm Berg.
- Lassen Sie sich alles schriftlich geben – und zwar sofort.
- Halten Sie sich an die schriftlichen Abmachungen, genauso, wie Sie es von Ihrem Partner erwarten.

»Die Unterhaltszahlungen für die Kinder werden am Fälligkeitstag automatisch von seinem Gehaltskonto auf meines überwiesen«, erklärt Jaye, Mutter zweier Kinder. »Seine Firma macht das für ihn. Karl ist ein Mensch, der immer alles bis zum letzten Pfennig ausgibt. Er hat eine tolle Stereoanlage, aber wenn er eine sieht, die auch nur ein klein bißchen besser ist, zückt er schon seine Kreditkarte. Er hat nie Geld. Wenn die Kinder ihn um etwas bitten, hat er kein Geld. Er ist immer pleite, obwohl er viel Geld verdient. Egal, wieviel er verdient, es wäre immer das gleiche. Ich wußte, daß ich am Ersten des Monats immer Schwierigkeiten gehabt hätte, mein Geld von ihm zu bekommen. Er hätte einfach gesagt: ›Ich habe es jetzt nicht. Ich gebe es dir in zwei Wochen, ich gebe es dir nächsten Monat.‹ Aber so konnte ich es ihm nicht sagen, das hätte er in den falschen Hals gekriegt. Also habe ich es folgendermaßen gemacht. Ich sagte: ›Schau, es ist so erniedrigend für mich, dich um Geld zu bitten. Meine Selbstachtung leidet sehr darunter.‹ Er sah das ein und unterschrieb die Einzugsermächtigung. So habe ich immer mein Geld, und wir streiten uns nicht. Er will ja für die Kinder sorgen, und das macht die Sache leichter.«

18
Versuchen Sie nicht, ihn zu umsorgen oder sich umsorgen zu lassen

Wenn meine Hände voll damit beschäftigt sind, etwas festzuhalten, kann ich weder geben noch nehmen.
Dorothee Sölle

Den meisten Frauen ist es zwar nicht angeboren, andere zu umsorgen, aber doch anerzogen. In den meisten Ehen haben die Frauen sich entsprechend auf die Bedürfnisse der Männer eingestellt. Aber auch Ehemänner wollen ihre Ehefrauen gern behüten und beschützen.

Wenn eine Ehe zu Ende geht, müssen beide Partner viele der angestammten Rollen hinter sich lassen. Der Mann, der weiterhin in sein früheres Haus kommt, um den Rasen zu mähen, schiebt einfach die Akzeptanz der Tatsache vor sich her, daß dies nicht mehr sein Haus ist. Die Frau, die weiter Botengänge für ihren Ex-Mann erledigt, weil es ihr keine Mühe macht, will einfach nicht wahrhaben, daß sie nicht mehr seine Frau ist.

Die meisten Menschen lassen sich nur allzugern umsorgen. Es ist ja auch durchaus lobens- und anerkennenswert, für jemanden in allen Lebenslagen dazusein. Aber manchmal können sich Umsorgender und Umsorgter in ihrer Entwicklung behindern, nämlich dann, wenn sie weiter die längst überholte Rollenverteilung beibehalten.

Streben Sie ein gütliches Ende Ihrer Ehe an, dann treten Sie einfach auf der Stelle, wenn Sie so tun, als hätte sich nichts geändert. Sie können weiter zuvorkommend und rücksichtsvoll sein, ohne gleich wieder in die Betreuerrolle zurückzufallen. Natürlich sollen Sie Ihren Ex-Partner über wichtige Entwicklungen im Leben Ihrer Kinder auf dem laufenden halten. Aber wenn Sie ihm weiter Mahlzeiten kochen und sie für ihn einfrieren, dann behindert das sowohl Ihre als auch seine Entwicklung zur Selbständigkeit.

Sie können, wenn Sie wollen, durchaus auch weiter gute Beziehungen zueinander haben, ohne sich gegenseitig zu versorgen. Verläuft der Scheidungsprozeß einigermaßen zivilisiert, so steht einer passablen Freundschaft nach der Scheidung nichts im Wege. Aber wenn Sie beide wirklich in Ihrem Leben weiterkommen wollen, müssen Sie irgendwann von der Art des Umsorgens, wie sie eher in der Ehe üblich ist, ablassen.

Sie wollen doch einen sauberen Schnitt machen. Also müssen Sie sich Ihre emotionale Unterstützung von anderen, nicht voneinander, holen. Und Sie müssen allein oder mit Hilfe von Freunden lernen, den Haushalt zu bewältigen, Dichtungen auszuwechseln und mit unwilligen Handwerkern umzugehen. Haben Sie diese Selbständigkeit und einen gewissen Abstand von Ihrer Ehe und deren Ende erst einmal erreicht, dann werden Sie in einer besseren Position sein, eine neue, andere Beziehung zu Ihrem Ex-Mann aufzubauen.

- Zollen Sie Ihrem Ex-Mann Achtung, indem Sie daran glauben, daß er es auch ohne Ihr Umsorgen schafft.
- Zollen Sie auch sich selbst Achtung, indem Sie beweisen, daß auch Sie selbständig leben können.
- Schaffen Sie die Voraussetzung für eine neue, gesunde Beziehung mit Ihrem Ex-Mann, indem Sie sich nicht an die Gewohnheiten und Rituale Ihrer alten Beziehung klammern.

»Während unserer Ehe«, erläutert Jackie, 41, »war ich immer diejenige, die sich um die Finanzen kümmerte. Ich schrieb die Ausgaben auf und setzte den Betrag fest, den

wir monatlich auf die hohe Kante legen konnten. Ich machte die Steuererklärung, zahlte die Krankenversicherung ein, den ganzen Kram. Wir waren beide Lehrer, deshalb war da alles ziemlich klar geregelt. Als wir uns trennten, zog ich für eine Weile in mein eigenes Appartement. Da Jim zu dieser Zeit das Haus und die beiden Kinder hatte, hielt ich es für angebracht, ihm monatlich etwas zu den Hypothekenzahlungen und anderen Haushaltsausgaben dazuzugeben. Wir haben uns ziemlich ruhig getrennt, es gab keine lautstarken Auseinandersetzungen. Aber als der Sommer kam, wurde mir klar, daß ich nichts für den Sommer hatte sparen können. Ich bekam während der Ferien kein Gehalt. Jim arbeitete in einem anderen Schuldistrikt, wo die Zahlungen über den Sommer nicht ausgesetzt wurden. Also habe ich ihm einfach gesagt, daß ich mich ab jetzt um meine eigenen Belange kümmern müsse, und gab ihm kein Geld mehr. Mir wurde klar, daß ich es ohnehin nur getan hatte, um mein Gewissen zu beruhigen, weil ich ausgezogen war. Als wollte ich sagen: ›Ich ziehe aus, aber mach dir keine Sorgen, ich laß dich nicht im Stich.‹ Selbst danach machte ich noch unsere Steuererklärung, tatsächlich bis zum Zeitpunkt unserer Scheidung, als wir nicht mehr gemeinsam veranlagt wurden. Es war eigentlich kein so großes Problem für uns, aber bis es soweit war, haben wir – oder habe zumindest ich – die Endgültigkeit der Entscheidung vor uns hergeschoben. Wir haben immer noch Kontakt. Aber unsere Beziehung ist anders geworden. Die Dinge brauchen einfach ihre Zeit, wissen Sie. Aber ich habe mich viel wohler gefühlt, weniger schuldbewußt, nachdem ich die alten Gewohnheiten abgelegt hatte.«

19
Keiner versteht mich?

Angesichts eines unüberwindlichen Hindernisses ist es dumm, Starrsinn an den Tag zu legen.
Simone de Beauvoir

Es ist immer einfacher, das, woran man glaubt, durchzuziehen, wenn die Menschen, die einem wichtig sind, gleicher Meinung sind.

Nicht alle diese Menschen werden sich mit Ihren Scheidungsplänen solidarisch erklären. Das kann ganz schön an die Nieren gehen, vor allem, wenn Sie gerade diese Menschen besonders schätzen oder sich von Ihnen abhängig fühlen. Wie sollen Sie ohne ihr Verständnis und ihre Unterstützung Ihren Weg weitergehen?

Jetzt müssen Sie sich mutig auf Ihre Überzeugung verlassen. Sie werden es niemals schaffen, daß alle Leute um Sie herum Ihre Position verstehen oder billigen. Nicht jeder kann angesichts eines so emotional beladenen Ereignisses fair oder rational denken.

Sicherlich tun sich gerade Eltern oder Schwiegereltern besonders schwer, die Ehe ihrer Kinder in die Brüche gehen zu sehen. Andere Verwandte und Freunde, die sich auf Sie als Ehepaar eingestellt hatten, sehen dieser Veränderung in Ihrem Leben vielleicht auch eher ablehnend entgegen.

Für Sie ist es ganz schön hart, sich so unverstanden zu fühlen, gerade von Menschen, die Ihnen so viel bedeuten, aber Sie können sie natürlich nicht zwingen, die Situation aus Ihrer Sicht zu sehen. Alles, was Sie tun können, ist, ihnen Ihren Standpunkt klarzumachen, sie wissen zu lassen, daß Ihnen ihr Verständnis wichtig ist, und sie dann in Ruhe alles überdenken zu lassen.

Mit der Zeit werden einige wahrscheinlich ihre Meinung ändern und Ihnen ihre Hilfe anbieten. Andere wiederum werden das nicht schaffen – mit ihnen können Sie also nicht mehr wie früher rechnen.

Aber keine Angst, es gibt viele andere Menschen, auf die Sie sehr wohl zählen können. Warum wollen Sie mit Ihren Sorgen an eine geschlossene Tür klopfen, wenn andere Türen weit offen stehen? Normalerweise können Sie nicht das, was Sie wollen, von dem, von dem Sie es wollen, genau dann, wenn Sie es wollen, bekommen. Aber Sie können es meist an anderer Stelle bekommen.

- Niemand kann die Einstellung anderer Menschen beeinflussen oder genau vorhersagen.
- Sie müssen sich vor niemandem rechtfertigen, nur vor sich selbst.
- Suchen Sie Blumen in einem Feld, in dem Sie sie wachsen sehen, nicht in einem leeren.

»Seit Jahren habe ich mich in allen Situationen immer an meine Freundin Maura um Rat gewandt«, erzählt Rennie, 34. »Wir arbeiten beide im Bereich Marketing. Sie hat jede Menge Erfahrung und hat mir bei meiner beruflichen Karriere sehr zur Seite gestanden. Vor zwei Jahren habe ich mich von meinem Mann getrennt, und als ich Maura davon erzählte, sagte sie eigentlich sehr wenig dazu. Ich schüttete ihr mein Herz aus, aber sie sagte nur etwas Unverbindliches und wechselte dann rasch das Thema. Eigentlich waren wir auch gar nicht so sehr privat befreundet. Unsere Freundschaft bezog sich mehr auf das Geschäftliche. Aber in meinem Leben ging es so drunter und drüber, daß ich mit jemandem reden mußte. Dabei ging ich davon aus, daß Maura, wie immer, gute Ratschläge für mich haben würde. Eines Tages sagte sie einfach zu mir: ›Es tut mir leid, Rennie, aber ich habe mit Scheidungen nichts im Sinn. Sicherlich hast du deine guten Gründe, aber mir ist es unangenehm, darüber zu sprechen.‹ Ich war wie vor den Kopf geschlagen, und wir haben uns eine Zeitlang nicht mehr zum Mittagessen getroffen. Ich habe andere Menschen gefunden, die mich

verstanden und mir sehr viel halfen. Aber das muß man Maura lassen, sie ließ mich nicht im Stich. Sie rief mich immer wieder an, um sich mit mir zum Mittagessen zu verabreden, selbst, als ich ihr ein paarmal abgesagt hatte. Wir redeten einfach nicht über meine Scheidung. Jetzt habe ich auch nicht mehr das Bedürfnis, dauernd darüber zu reden, und habe schon ein wenig Abstand, also ist das kein Problem für mich. Und mir ist klargeworden, daß Maura sich eigentlich so verhalten hatte, wie ich es immer von ihr gewohnt war – ehrlich. Nicht jede Freundschaft eignet sich für jeden Lebensbereich. Wahrscheinlich die wenigsten.«

20
Gehen Sie unter Menschen

Abwechslung ist das A und O allen Vergnügens.
Aphra Behn

Wann ist für Sie der richtige Zeitpunkt gekommen, sich wieder ins gesellschaftliche Leben zu stürzen? Sobald Sie sich danach fühlen.

Aber wie um alles in der Welt gehen Sie die Sache an? Wie es Ihnen gerade einfällt und paßt.

Ihr neues gesellschaftliches Leben fängt an, sobald Sie selbst sich hineinbegeben. Auch die Bedingungen stellen allein Sie. Wenn Sie sich erst mal im Kreise einer oder mehrerer Frauen wohl fühlen, dann laden Sie einige Freundinnen ein und gehen gemeinsam aus. Sie wollen lieber allein ins Kino oder in einen Vortrag gehen? Dann tun Sie es. Wenn Sie Männer kennenlernen wollen, dann gehen Sie zu Veranstaltungen, die Ihnen Spaß machen und wo Sie wahrscheinlich Gleichgesinnte treffen.

In den ersten Trennungswochen fühlen sich manche Frauen plötzlich befreit und möchten am liebsten jeden Tag ausgehen. Andere sind verletzlich und ziehen es vor, zu Hause zu bleiben, wo Sie sich sicher fühlen. Frauen, die viele Jahre verheiratet waren, meinen, allein auf dem gesellschaftlichen Parkett nicht bestehen zu können. Wie lernt man Leute kennen? Was soll ich mit ihnen reden? Es muß gar nicht so schwer sein. Je leichter Sie es sich selbst machen, um so erfolgreicher wird es wahrscheinlich für Sie werden.

Schließen Sie sich Leuten an, die etwas tun, das auch Ihnen Spaß macht. Warten Sie nicht darauf, daß Freunde an Ihre Tür klopfen. Trauen Sie sich. Vielleicht haben Sie jetzt mehr Zeit, neue Freundschaften mit Menschen zu pflegen, die Sie durch Ihre Arbeit oder sonstwie kennengelernt haben. Besorgen Sie einige Karten für das nächste Konzert und bieten Sie einer potentiellen neuen Freundin (oder einem Freund) an, Sie zu begleiten. Schon bald werden Sie feststellen, daß es sehr viele alleinstehende Frauen gibt, die bereit sind, etwas Neues auszuprobieren, wenn es verspricht, Spaß zu machen.

Zunächst müssen Sie sich vielleicht einen kleinen Schubs geben und Ihre Befangenheit oder vermeintliche Unbeholfenheit ablegen. Aber es ist ganz wichtig, daß Sie sich einen Ruck geben. Sich unter Menschen zu begeben ist unerläßlich für Ihre seelische und körperliche Gesundheit. Treten Sie in die Welt hinaus.

Und wenn Sie sich amüsieren, werden Sie auch auf andere Menschen anziehend wirken. Wie sagte doch Mutter immer? »Geh nur und amüsier dich, Kind. Wer weiß? Vielleicht lernst du ja jemand Netten kennen.«

– Planen Sie mindestens zweimal im Monat fest ein, mit einer Freundin oder einer Gruppe auszugehen.

- Suchen Sie etwas aus, das Sie reizt, etwas, das Sie noch nie zuvor ausprobiert haben. Warum eigentlich nicht?
- Ihr einziges Ziel ist, im Kreise anderer Menschen einen angenehmen Tag oder Abend zu erleben.

»Mein Ex-Mann hatte mich am Ende unserer Beziehung so total umgekrempelt, daß ich wirklich fest davon überzeugt war, ich würde nie mehr eine Beziehung mit einem Mann haben«, berichtet Carla, die bei ihrer Scheidung achtunddreißig war und drei Kinder hat. »Ich habe nicht einmal mehr darüber nachgedacht. Dann habe ich versucht, eine Selbsthilfegruppe von Frauen zu finden, die kürzlich eine Trennung durchgemacht hatten. Meine Ehe war über einen so langen Zeitraum so schlecht gewesen, daß ich alle Menschen um mich herum weit weggestoßen hatte. Als es ganz schlimm war, hatte ich nicht einmal mehr jemanden, den ich anrufen konnte. Ich war einfach nicht mehr existent. Ich fühlte mich so isoliert, es war einfach schrecklich. Lassen Sie es nie so weit kommen. Männer kommen und gehen, aber Frauen bleiben. Das sind die Menschen, an die man sich im Leben halten muß … Ich schloß mich einigen Gruppen an. Dort ging es immer nur darum, wie man am besten Männer kennenlernt. Das war mir alles so fremd, und ich hatte immer nur das Gefühl, daß mit mir etwas nicht stimmte. Ich paßte eigentlich nirgends so recht dazu. Schließlich fand ich eine Gruppe, die schon eher meinen Vorstellungen entsprach. Das war eine Gruppe von zehn oder zwölf geschiedenen Frauen. Einmal sagte eine von ihnen: ›Wißt ihr, ich glaube, ich würde gerne jemanden kennenlernen. Aber ich glaube kaum, daß mir plötzlich irgend jemand durch die Zimmerdecke in den Schoß fallen wird.‹ Also begann ich, zu einigen von diesen Single-Veranstaltungen zu gehen. Das war anfangs sehr schwierig, und meine neuen Freundinnen mußten mich förmlich hinschleppen. Aber so habe ich mir ein neues Leben geschaffen. Irgendwann begriff ich, daß ich mich um mich selbst kümmern mußte, und so ging ich aus. Und siehe da, es machte Spaß.«

21
Neue Beziehungen – alte Freunde

Vertrautheit ist eine schwierige Kunst.
Virginia Woolf

Eines Morgens wachen Sie auf und haben keinen Begleiter mehr. Aus dem Duo ist ein Solo geworden. Sie sind Yin ohne Yang. Ihre Freunde wissen nicht so recht, wie sie damit umgehen sollen: Soll man Sie allein zum Essen oder ins Kino einladen? Oder soll man warten, bis Sie wieder einen Freund haben? Gibt es irgend jemanden im Bekanntenkreis, mit dem man Sie verkuppeln könnte?

Manche werden sich überhaupt nicht mehr melden. Einige Frauen werden Sie nur mehr tagsüber einladen und die Abende für »Paare« reservieren.

Die Freunde, die nicht davon ausgehen, daß Sie Ihre Lizenz als »amtlich geprüfte, selbständige Erwachsene« bei Ihrer Trennung verloren haben, werden Sie genauso behandeln wie vorher. Aber vielleicht kommen Sie sich dabei wie ein drittes oder fünftes Rad am Wagen vor. Wie sollen Sie sich verhalten?

Lassen Sie sich nicht verunsichern. Machen Sie Ihren Freunden klar, daß Sie an ihrer Gesellschaft interessiert sind, mit ihnen auch weiter ausgehen wollen, daß sich zumindest von Ihrer Seite aus nichts an der Beziehung geändert hat. Dann werden auch Ihre Freunde Sie weiterhin in ihre Pläne einbeziehen.

Und machen Sie Gegeneinladungen. Es gibt überhaupt keinen Grund, warum Sie nicht Ihre Freunde zum Brunch oder zum Abendessen einladen könnten, wenn

Sie Spaß daran haben. Schließlich brauchen Sie für ein Grillfest keinen festen Freund.

Laden Sie ruhig alte und neue Freunde zusammen ein. Die ältesten Freundschaften werden vielleicht dadurch belebt, daß Sie diese Freunde mit Ihren neuen Single-Freunden zusammenbringen. Machen Sie sich von der Vorstellung frei, Sie müßten die Menschen aus Ihrem Leben als verheiratete Frau von denen als alleinstehende trennen.

Hat sich jemand, den Sie wirklich gerne mögen, seit Ihrer Trennung nicht mehr bei Ihnen gemeldet, so rufen Sie ihn oder sie einfach an. Vielleicht ist die Person nur unsicher, wie sie sich Ihnen gegenüber verhalten soll. Machen Sie den ersten Schritt. Und wenn das nicht funktioniert, grämen Sie sich nicht, sondern kümmern Sie sich lieber um Menschen, die Ihnen verläßliche Weggefährten waren.

- Warten Sie nicht darauf, daß Ihre Freunde den ersten Schritt tun. Zeigen Sie ihnen, daß Sie Wert auf die Fortsetzung der Beziehung legen.
- Eskortiert von guten Freunden, können Sie Ihre Unsicherheit ablegen und lernen, sich in Gesellschaft ohne Begleitung unbefangen zu bewegen.
- Teilen Sie Ihr Leben nicht zwischen alten und neuen Freunden auf. Laden Sie Leute von beiden Gruppen ein – so bewahren Sie sich ein beruhigendes Gefühl der Kontinuität.

»Einige Monate nach meiner Trennung«, sagt Anne Marie, 33, »fragten mich meine alten Freunde Jan und Mark, ob ich Lust hätte, mit ihnen in ein Jazzlokal zu gehen. Wir teilten eine Vorliebe für eine bestimmte Gruppe, die ab und zu bei uns auftrat und an diesem Wochenende in einem Club spielte, den wir recht gerne mochten. Ich war begeistert und freute mich wirklich, daß sie nicht gezögert hatten, mich zu fragen. Also zogen wir alle los – sie hatten noch eine andere Frau gefragt, ob

sie mitkommen wollte. Sie war geschieden, und ich hatte sie schon früher einmal bei Jan und Mark kennengelernt. Es war ein wundervoller Abend. Es tat so gut, in ein Lokal zu gehen, in das ich allein nicht gegangen wäre, und das auch noch mit Jan und Mark. Als es ans Bezahlen ging, zückte Mark nur seine Kreditkarte und übernahm die gesamte Rechnung. Ich versuchte, meinen Anteil zu übernehmen, aber er winkte ab. Da die andere Frau keine Anstalten machte, ihren Teil zu bezahlen, ließ ich es sein und bedankte mich sehr herzlich. Aber noch am selben Abend schrieb ich Mark und legte einen Scheck bei. Ich erklärte ihm, daß ich mich wunderbar amüsiert hätte und gerne wieder mit ihnen mitkommen wollte. Sie sollten aber nicht das Gefühl haben, immer für mich zahlen zu müssen, vor allem nicht dann, wenn es nicht nötig war. Ich dankte ihm und Jan und betonte, wie glücklich ich mich schätzte, solch gute Freunde zu haben. Als ich Mark das nächste Mal sah, sagte er, er wäre für diese Geste sehr dankbar gewesen. So wisse er, wie er mit mir dran sei. Wir gehen oft gemeinsam aus, und ich habe ein wirklich gutes Gefühl dabei.«

22
Neue Rollenverteilung

Jeder trägt die Verantwortung für seine Zukunft hauptsächlich allein.
Dorcas Hardy

Welche Rolle auch immer Sie während Ihrer Ehe gespielt haben, jetzt bekommen Sie eine neue zugeteilt. Das Schlechte daran ist, daß Sie diese Rolle wahrscheinlich ohne verläßliche Mitarbeit Ihres Partners spielen werden. Das Gute daran ist, daß Sie selbst bestimmen können, wie Sie Ihre eigene Rolle spielen.

In emotional beladenen Situationen tendieren die meisten Frauen dazu zu reagieren, anstatt zu agieren. In jeder Phase der Scheidung ist es wichtig, daran zu denken, daß Sie wahrscheinlich mehr Power und Einfluß haben, als Ihnen selbst bewußt ist. Wenn Sie nicht nach Gelegenheiten suchen, sich auf den Fahrersitz zu schwingen, geht es womöglich in die falsche Richtung.

Wir gehen davon aus, daß Sie Ihren Ex-Mann ziemlich gut kennen. Jetzt können Sie dieses Wissen dazu nutzen, Ihre eigene Rolle ihm gegenüber neu zu definieren. Wenn er ein Hitzkopf ist und ihn gewisse Themen und Verhaltensweisen schon immer auf die Palme gebracht haben, machen Sie sich selbst nur noch mehr Schwierigkeiten, wenn Sie ohne Strategie vorgehen.

Liebt er ewige Diskussionen über Dinge, die Sie beide betreffen, Sie aber wollen möglichst wenig von ihm sehen, dann richten Sie es so ein, daß Sie eben auch möglichst wenig von ihm sehen. Es ist nämlich gar nichts für Sie gewonnen, wenn er die Bedingungen Ihrer neuen Beziehung bestimmt.

So wie Sie nicht sein Leben für ihn leben können und

so wie Sie lernen müssen, sich ein übertriebenes Verantwortungsbewußtsein für sein Wohlergehen und sein Glück abzugewöhnen, können Sie auch in Zukunft nicht mehr darauf zählen, daß er sich für Ihre Ziele und Vorstellungen interessiert oder überhaupt etwas darüber wissen will.

Sie selbst suchen sich die Rolle aus, die Sie spielen wollen. Wie die übrigen Mitspieler darauf reagieren, bleibt ihnen überlassen. Wenn Sie es hassen, daß jedes Gespräch unweigerlich damit endet, daß Sie sich gegenseitig anbrüllen, dann brüllen Sie eben nicht mehr. Wenn er es tut, ist das sein Problem. Früher oder später wird die Tatsache, daß Sie nicht mehr den alten Part spielen – den, der offensichtlich nicht funktioniert hat – Wirkung zeigen. Es ist schwierig, einen Schwerterkampf zu inszenieren, wenn nur eine Person auf der Bühne willens ist, ein Schwert in die Hand zu nehmen.

Denken Sie praktisch. Recht zu haben ist manchmal weniger wichtig, als das zu erledigen, was getan werden muß. Überlegen Sie genau, welche Art von harmonischer Beziehung mit Ihrem Ex-Mann machbar und wünschenswert ist. Und welche Schritte können Sie unternehmen, um dieses Ziel zu erreichen, ohne Ihre neuerworbene Autonomie und Ihre Selbstachtung aufs Spiel zu setzen?

- Sie spielen nicht mehr die Rolle, die Sie während Ihrer Ehe gespielt haben.
- Sie erreichen mehr, wenn Sie Ihren Umgang mit Ihrem Ex-Partner planen.
- Bleiben Sie sich selbst treu: Lassen Sie nicht Ihren Ex-Mann Regie führen.

»Außer in Geldangelegenheiten konnten wir ganz gesittet miteinander umgehen«, sagt Peggy, 51. Sie war mit Harry vierzehn Jahre verheiratet und hat zwei Kinder. »Es gab immer etwas wegen der Kinder. Manchmal kam eines von ihnen abends nicht zur abgemachten Zeit nach

Hause, und ich rief Harry an und sagte: ›Harry, weißt du vielleicht, wo Michelle steckt?‹ Wie selbstverständlich rief er ihre Freundinnen an oder tat, was getan werden mußte, bis sie nach Hause kam. Aber ich mußte wirklich einen langen Lernprozeß durchmachen. Es gab bestimmte Dinge, die mich rasend machten, und dann fingen wir an zu streiten. Im Laufe der Zeit wurde ich viel pragmatischer und mir viel mehr bewußt, was mich rasend machte. Also dachte ich vorher darüber nach. Das und das wollte ich erreichen, also mußte ich so und so mit ihm reden. Er ist ein Mensch, der den Saft, den er in zwei Gläser aufteilen soll, genau abmißt, damit sich keiner benachteiligt fühlt. Also stellte ich meine Denkweise hintan und versuchte, alles so zu arrangieren, daß er das Gefühl haben mußte, wir teilten alles halbe-halbe. Als meine Tochter von der Schule abging, sollte alles ganz gerecht zugehen. Sie war zum Mittagessen bei seiner Familie, zum Abendessen bei meiner. Ihre Zeit war genau aufgeteilt, und doch behauptete er, er wäre benachteiligt worden. Als dann mein Sohn seinen Schulabschluß feierte, sagte ich: ›Warum erzählst du Dad nicht, daß du zum Abendessen bei ihm sein möchtest. Er wird meinen, Abendessen seien wichtiger als Mittagessen.‹ Ich behielt recht. Alles lief sehr harmonisch ab. So was habe ich schon sehr oft gemacht. Ich muß wissen, mit wem ich es zu tun habe, dann kann ich mir alles entsprechend einrichten, wie ich es brauche. Es funktioniert nicht, wenn ich sage: ›Ich mache das, weil es richtig ist.‹ Ich muß viel pragmatischer denken.«

23
Sehen Sie den Tatsachen ins Auge: Wer Kinder hat, ist niemals richtig geschieden

Teilen ist manchmal schwieriger als Geben.
Mary Catherine Bateson

Wenn Sie mit Ihrem Ex-Mann Kinder haben, dann wird Ihre Beziehung so lange dauern, wie Sie Eltern sind. Ob es eine gute Beziehung ist, mit der beide leben können, hängt von Ihnen beiden ab. Sie sind gezwungen, in diesem Bereich weiter zusammenzuarbeiten. Keiner von Ihnen beiden kann das allein.

Selbst wenn Sie volles Sorgerecht haben, nach Ihrer Scheidung ans andere Ende der Welt ziehen und irgendwann noch einmal heiraten, wird der Vater Ihrer Kinder ihr Vater bleiben. Glänzt er durch Abwesenheit oder macht er Ärger, dann werden Sie seine Abwesenheit oder den Ärger, den er macht, spüren oder auch mißbilligen.

Auch bei minimalem Kontakt miteinander kommen genügend Gelegenheiten auf Sie zu, bei denen Eltern ihren traditionellen Platz einnehmen müssen. Geburtstage, Feiertage, Schulabschlußfeiern, Auszeichnungen, Hochzeiten, Approbationen, Kammerzulassungen, Taufen und so weiter – Sie glauben gar nicht, wie häufig Sie da involviert sein werden. Und wenn dann beide Eltern die Rollen, die Sie zu spielen haben, nicht genau definiert haben, wird der Schmerz der zerrissenen Familie von neuem aufbrechen.

Das gesündeste für alle Beteiligten ist, wenn Eltern – ist eine enge Zusammenarbeit nicht denkbar – zumindest einen herzlichen Kontakt zueinander aufrechterhalten können. Stellen Sie sich Ihre Zukunft vor. Und darin die Art von Beziehung, die Sie am liebsten mit dem Vater Ihrer Kinder hätten. Welche Schritte können Sie unternehmen, um sicherzustellen, daß die Beziehung auch so wird?

Auch Ihr Partner wird mittun müssen, und vielleicht wird die Beziehung nicht ganz so, wie Sie es sich vorstellen. Aber es ist wichtig, sich klarzumachen, daß Sie ihn nicht wegwünschen können, genausowenig wie die Gelegenheiten, bei denen Sie als Eltern auftreten müssen. Investieren Sie Ihre Energie statt dessen in eine elterliche Beziehung, mit der Sie leben können, und zwar so würdevoll wie möglich. Versuchen Sie, familiären Zusammenkünften die Angst und die Befangenheit aller Betroffenen zu nehmen. Das wird sowohl für Sie wie auch für Ihre Kinder ein Geschenk des Himmels sein.

- Selbst wenn unsere Kinder selbst Kinder haben, sind wir immer noch ihre Eltern.
- Seien Sie Ihren Kindern ein gutes Vorbild, indem Sie eine gute, zweckmäßige Beziehung mit ihrem Vater haben.
- Stellen Sie in diesem Bereich die Belange der Kinder über Ihre eigenen.

»Ed und ich waren einfach zu jung, als wir heirateten«, erzählt Connie, 46. »Wir hatten Kinder, als wir erst Anfang Zwanzig waren. Wir waren total überfordert. Und so zerbrach unsere Ehe nach sieben Jahren. Ed machte sich davon, um sich die Hörner abzustoßen, denke ich, und ließ mich mit den beiden Jungen zurück. Wir wußten eigentlich immer alle, daß ihm die beiden wichtig waren, aber manchmal vergingen Monate, in denen wir nichts von ihm hörten, und er war auch nicht immer verläßlich mit den Unterhaltszahlungen. Sicherlich habe ich heute meine schlimmsten Erinnerungen und Gefühle daran verdrängt. Meine beiden Söhne haben in-

zwischen das College absolviert, also ist das alles auch schon recht lange her. Aber ich weiß ganz sicher, daß ich Ed niemals die Kinder vorenthalten oder mich in das, was er als Vater tat, wenn er dann tatsächlich einmal kam, einmischen wollte. Nach einigen Jahren schien er sich gefangen zu haben und war öfter für die Jungen da. Er nahm sie auf Reisen mit und zog wieder in unsere Stadt, so daß er sie häufiger sehen konnte. Ich hatte wieder geheiratet und inzwischen eine Tochter. Wir kommen alle gut miteinander aus. Auch die Jungen brauchen uns beide noch. Ed und ich teilen uns die Kosten für die Krankenversicherung für einen, für den anderen haben wir einen Gebrauchtwagen finanziert. Wir reden eigentlich nur über die Kinder miteinander, aber es ist gut, daß wir das so tun können. So habe ich einfach ein besseres Gefühl – und wahrscheinlich alle anderen auch.«

24
Sprechen Sie freundlich von Ihrem Ex-Mann, aber belügen Sie Ihre Kinder nicht

Nette Worte können kurz und leicht zu sprechen sein,
ihr Echo jedoch ist wahrlich ohne Ende.
Mutter Teresa

Die meisten Eltern wollen, daß ihre Kinder Selbstvertrauen haben und in einer liebevollen familiären Umgebung aufwachsen. Eine Scheidung trifft diese beiden

Ziele wie ein Schlag. Aber die Auswirkungen einer Scheidung auf Ihre Kinder sind unter Kontrolle zu halten und auf ein Minimum zu beschränken, wenn Sie daran denken, Ihr Herz vom Kopf her zu steuern.

Es ist schwierig für Sie, Ihre Wut im Zaum zu halten, wenn sich Ihr Ex-Partner wie ein Widerling benimmt. Manchmal könnten Sie vor Ärger aus der Haut fahren oder laut schreien, wenn er wieder mal vergessen hat, den Unterhalt rechtzeitig zu überweisen oder nicht, wie abgemacht, die Kinder für ein Wochenende übernimmt. Aber ebensowenig, wie Sie wollten, daß Ihre Nachbarn Ihre Wutausbrüche sehen, sollten Sie sich auch vor den Kindern zusammennehmen. Kaufen Sie sich einen Punchingball. Auch diese Phase geht vorbei.

Den Kindern sollten Sie gerade so viel sagen, wie in ihrem Interesse ist. Sie können sagen: »Diesen Monat sind wir knapp bei Kasse.« Damit machen Sie niemanden zum Sündenbock. Sie können auch sagen, daß Sie hofften, für Samstagabend einen guten Babysitter zu finden, ohne zu erwähnen, daß ihr Vater an der Reihe gewesen wäre und damit zu riskieren, daß sie sich von Ihnen beiden ungeliebt fühlen.

Kein Kind, auch nicht, wenn es erwachsen ist, will, daß ein Elternteil kritisiert oder lächerlich gemacht wird, und schon gar nicht vom anderen Elternteil. Kindern muß man erlauben, mit den wichtigen Beziehungen in ihrem Leben auszukommen und das Beste daraus zu machen. Wenn Ihr Ex-Mann nicht gerade eine Gefahr für Ihre Kinder bedeutet, dann sollten Sie ihnen Raum lassen, ihre eigene Beziehung zum Vater aufzubauen und sich selbst ein Bild über seine Stärken und Schwächen zu machen.

Die Differenzen, die Sie mit Ihrem Ex-Mann haben, betreffen nur Sie und ihn – nicht Sie, ihn und die Kinder. Selbst wenn er, sehr zu Ihrem Ärgernis, gerade das nicht tut, was Ihrer Meinung nach wichtig für die Kinder wäre, ist das eine Angelegenheit zwischen Ihnen und ihm, nicht etwas, womit die Kinder befaßt sein sollten.

Ihre Kinder werden verwirrt, vielleicht sogar befremdet sein, weil sie Partei ergreifen müssen. Dürfen sie selbst entscheiden, in welcher Beziehung sie zu ihren beiden Elternteilen leben wollen, dann werden Sie vielleicht die Weisheit ihrer Wahrnehmungen und ihre Entscheidung überraschen. Und außerdem sind sie sicher dann geneigter, Ihnen mitzuteilen, was ihnen Kummer macht, und sich helfen zu lassen, wenn sie nicht befürchten müssen, daß Sie gleich in Schimpftiraden ausbrechen.

- Respektieren Sie die Fähigkeit Ihrer Kinder, sich selbst ein Bild zu machen.
- Behalten Sie den großen Überblick. Sie werden nicht auf immer und ewig wütend sein.
- Denken Sie immer daran, daß Ihr Kind zwei liebevolle Elternteile braucht.

»Es gab Tage«, ereifert sich Sandy, »an denen ich Greg am liebsten erwürgt hätte. Ein Jahr lang blieb er seine Unterhaltszahlungen schuldig. Er fuhr für einen Monat nach England, ohne mir davon etwas zu sagen. Er benahm sich einfach unmöglich.« Sandy und Greg ließen sich nach dreizehn Jahren scheiden, als ihre Kinder neun und drei Jahre alt waren. »Ich war nahe daran, meinem Sohn zu sagen, daß sein Vater ihn nicht genug liebte, um sich darum zu kümmern, wovon wir die Miete bezahlen sollten. Oder daß er einfach für eine Weile verschwunden war. Manchmal sagte ich tatsächlich so etwas, und dann sah ich die Gesichter der Kinder und kam mir wie ein Ekel vor. Es half eigentlich niemandem. Ich war genauso frustriert wie vorher und kam mir auch noch wie eine schlechte Mutter vor. Die kleinen Veränderungen, die Greg in seinem Verhalten gemacht hat, und glauben Sie mir, er ist alles andere als ein guter Vater, sind Verbesserungen. Jetzt versuche ich, alles, was er für die Kinder tut, in höchsten Tönen zu loben, weil ich möchte, daß sie stolz sind und sich nicht zurückgewiesen fühlen. Und vielleicht kann ich ja Greg dazu bewegen, mehr zu tun.«

25
Sie sind eine Mutter, keine Märtyrerin

Wenn meine Mutter für acht Leute Abendessen machen mußte, richtete sie für sechzehn Leute her und servierte nur die Hälfte.
Gracie Allen

Niemandem ist mit einer Märtyrerin gedient. Märtyrer geben auf, was sie wirklich wollen oder brauchen. Und diejenigen, für die sie ihre großen Opfer bringen, sind schuldbeladen und des Vergnügens beraubt, selbst zu geben. Geben ist eine Straße mit Gegenverkehr. Liebe kann nicht reifen und sich voll entfalten, wenn sie nur in einer Richtung verläuft, von mir zu dir. Echte Liebe läßt Raum für Erwiderung, so daß die, die wir lieben, ihre Freude verdoppeln, indem sie uns geben, so wie wir ihnen.

Als Mütter sind wir oft versucht, Dinge, die uns wichtig sind, aufzugeben, um noch mehr für unsere Kinder tun zu können. Ganz besonders, wenn wir glauben, daß unsere Kinder leiden, sind wir sofort bereit, in die Bresche zu springen.

Es stimmt, daß Kinder unter der Scheidung ihrer Eltern leiden. Obgleich Sie vieles tun können, um Ihren Kindern zu helfen, können Sie nicht alles von ihnen fernhalten. Und wenn Sie zu vieles von dem aufgeben, was Ihnen persönlich wichtig ist, riskieren Sie, alles ganz falsch zu machen.

Wenn ein Fünfjähriger gerne den Tisch decken möchte, warum sollte man ihm diese »lästige Arbeit ersparen«? Ihre Kinder wollen Opfer für die Familie bringen, wollen mit Ihnen zusammen auf gemeinsame Ziele hinarbeiten. Dadurch bekommen sie das gute Gefühl, mit Worten und Taten nicht nur für sich selbst etwas zu tun, sondern auch für ihre Lieben.

Gesetzt den Fall, Ihre Teenager-Tochter will unbedingt zu einem Konzert gehen, das vierzig Dollar Eintritt kostet. Sicher wird sie das Konzert noch mehr genießen, wenn sie sich das Geld dafür selbst verdient hat, besonders dann, wenn sie weiß, daß es womöglich für Sie ein großes Opfer bedeutet hätte, es für sie zu bezahlen.

Sollte der Muttertag einmal auf einen Sonntag fallen, den Ihre Kinder den Abmachungen entsprechend beim Vater verbringen sollten, dann bitten Sie ihn, mit Ihnen zu tauschen. Ihre Kinder sollen sich auch um Sie kümmern und wissen, daß Ihnen das wichtig ist. Es macht sie stolz und verantwortungsbewußt. Es ist wichtig. Sie sind wichtig. Sagen Sie das auch laut und vernehmlich.

- Scheuen Sie sich nicht, das für sich zu beanspruchen, was Ihnen wichtig ist.
- Gönnen Sie Ihren Kindern das Vergnügen, Ihnen zu geben, nicht nur von Ihnen zu nehmen.
- Liebe ist eine zweispurige Straße. Sie endet in einer Sackgasse, wenn sie nur einspurig befahren wird.

Eltern neigen zu Überkompensation. Sarah, die jetzt dreiundfünfzig ist, trennte sich nach achtzehnjähriger Ehe von ihrem Mann. Ihre Töchter waren damals vierzehn und dreizehn Jahre alt. Die Kinder blieben beim Vater. »Als ich mich von meinem Mann trennte, und weil ich meine Kinder bei ihm lassen mußte«, erzählt Sarah, »bemühte ich mich verzweifelt zu beweisen, daß ich eine gute Mutter war. Ich glaubte, ständig beweisen zu müssen, daß ich sie liebte. Sie konnten mich zu jeder Tages- und Nachtzeit anrufen, und ich ließ alles stehen und liegen, selbst wenn ich etwas anderes vorhatte. Ich wollte diesen schrecklichen Makel, dieses grausame Verbrechen, das ich begangen hatte, wiedergutmachen. Retrospektiv betrachtet, habe ich den beiden damit einen Bärendienst erwiesen. Niemals habe ich ihnen so etwas wie Selbstachtung gezeigt. Und so habe ich meine beiden Kinder in zehn Jahren nur einmal zum Thanksgiving bei mir gehabt. Das war sehr schmerzlich. Niemals zu Weihnachten, niemals zu Ostern. Ein einziges Mal zu Thanksgiving. Nie hätte ich zu ihnen gesagt: ›Das verletzt mich. Ich möchte euch bei mir haben.‹ Ich wollte ihren Vater nicht verärgern. Ich versuchte immer, das zu tun, was meiner Meinung nach für sie am leichtesten war. Ich tat mir und ihnen weh, weil sie bemerken mußten, wie niedrig ich ihre Verantwortung mir gegenüber einstufte. Noch immer fällt es mir schwer zu sagen: ›Ich brauche euch hier bei mir.‹ Heute würde ich das alles anders machen, aber das ist nun mal geschehen. Damals war ich eben anders. Ich hätte sagen sollen: ›Ich hatte gute Gründe, euren Vater zu verlassen. Ich habe auch ein Recht auf mein eigenes Leben. Ich werde mein Bestes tun, euch eine gute Mutter zu sein, aber nicht auf meine Kosten.‹ Jetzt sage ich das auch wirklich. Ich mache ihnen ganz deutlich, daß ich ihre Liebe und ihre Aufmerksamkeit genauso brauche wie sie meine. Und obwohl sie ja jetzt schon junge Erwachsene sind, ist das für uns alle drei sehr wichtig.«

26
Beantworten Sie die Fragen Ihrer Kinder

Wahrheit mag schmerzen wie ein chirurgischer Eingriff, aber sie heilt.
Han Suyin

Ganz besonders wenn Sie halbwüchsige Kinder haben, kommen mit Sicherheit die Fragen aus dem Bereich: »Was war eigentlich der genaue Grund, warum du dich hast scheiden lassen?« Es ist wichtig, diese Fragen ernst zu nehmen und sie nicht beiläufig abzutun.

Den Fragen der Kinder auszuweichen, verunsichert Sie sehr und belastet den gesamten Kommunikationsbereich zwischen Ihnen und ihren Kindern. Jetzt ist die Zeit, die Kommunikationskanäle so offen wie möglich zu halten – damit erweisen Sie sich und Ihren Kindern den größten Dienst. Ihre Antworten sollen so vollständig und wahrheitsgetreu wie möglich sein, weglassen sollten Sie nur Details, die schmerzlich für Ihr Kind sein könnten. Eine ehrliche Antwort zu geben bedeutet nicht unbedingt, die gesamte Geschichte Ihrer Ehe und Ihrer Scheidung vor Ihrem Kind auszubreiten.

Hüten Sie sich vor Fragen, die nur den Vater betreffen. Schicken Sie Ihr Kind damit zu ihm. Und bitte auch keine Spekulationen darüber, was er vielleicht sagen könnte. Ihre Kinder müssen die Freiheit haben, die Beziehung zu ihrem Vater selbst gestalten zu können. Respektieren Sie ihre Privatsphäre und widerstehen Sie der Versuchung, sie zu fragen, was der Vater gesagt hat.

Wenn Ihre Kinder gar nicht so viele Fragen zu haben scheinen, dann haben sie wahrscheinlich nur Schwierigkeiten, sie zu stellen. Versuchen Sie, in Ihren Gesprächen Gelegenheiten zu schaffen, die Ihren Kindern helfen könnten, ihre Sorgen zur Sprache zu bringen. Kinder haben oft Hemmungen, schmerzliche Themen anzusprechen. In diesem Fall spüren sie natürlich, daß das Thema für beide sehr unangenehm sein wird, folglich sind sie doppelt zurückhaltend. Geben Sie ihnen so feinfühlig wie nur möglich zu erkennen, daß Sie für sie da sind, wenn sie Fragen stellen wollen, und daß sie hoffentlich ihren Ängsten und Bedenken Ausdruck verleihen werden.

Drängen Sie sie nicht über einen bestimmten Punkt hinaus. Vielleicht sind sie mit Ihren Antworten zufrieden, oder aber sie fühlen sich unbehaglich. Hier ist wieder einmal wie so oft Geduld angesagt. Die Fragen, die in den Köpfen Ihrer Kinder herumschwirren, sind zahlreich und kompliziert. Wahrscheinlich wird dieser Prozeß auch Jahre dauern, und Sie müssen manche Dinge unzählige Male wiederholen, ehe Ihre Kinder die erhaltene Information richtig verdaut haben.

Sie haben einen lebenslangen Dialog mit Ihren Kindern vor sich. Wenn sie sich durch die Art und Weise, wie Sie ihnen ihre Fragen beantworten, sicher und ernst genommen fühlen, wird dieser Dialog für alle Beteiligten lohnend sein.

- Nehmen Sie sich Zeit, die Fragen Ihrer Kinder gewissenhaft zu beantworten, selbst wenn sie sie zu einem Zeitpunkt stellen, an dem Sie ganz andere Dinge im Kopf haben.
- Versuchen Sie nicht, Fragen zu beantworten, auf die Sie eigentlich keine Antwort haben. Seien Sie ehrlich.
- Lassen Sie sich bei Ihren Antworten von der Sorge um Ihre Kinder und nicht von Ihren persönlichen Gefühlen leiten.

»Neulich«, sagt Judy, 48, »erzählt mir mein fünfzehnjähriger Sohn von der Mutter eines seiner Freunde, deren

Mann vor kurzem gestorben war. Sie war fünfzig geworden, und ihr Sohn und seine Freunde hatten sie zum Essen in ein Restaurant eingeladen. Eric meinte dazu: ›Es ist wirklich traurig. Sie ist jetzt fünfzig und ganz allein.‹ Und ich erwiderte: ›Nun, ich bin auch fast fünfzig und ganz allein.‹ Eric darauf: ›Ja, aber du hast es dir ja selbst so ausgesucht.‹ Da wurde mir klar, wie wütend er immer noch war, und das ein Jahr nach unserer Scheidung. Er sagte: ›Wenn du dich mit Dad so schlecht verstanden hast, warum hast du dann zwanzig Jahre gewartet, bis du dich scheiden ließest? Findest du wirklich, daß jetzt alles besser ist?‹ Ich atmete tief durch und erklärte ihm, daß diese letzten beiden Jahre, so schwierig sie auch mit all ihren Problemen gewesen waren, im Vergleich zu vorher durchaus eine Verbesserung waren. Dabei brauche ich nur an die schweigsamen Abendessen zu denken, die ich jeden Tag seit zwanzig Jahren erlebte, damit mir die letzten beiden Jahre wie ein Himmelreich vorkamen. Normalerweise erzähle ich Eric so was nicht, aber in dieser Situation hielt ich es für angebracht. Ich sagte ihm, daß die Beziehung, die er mit seinem Vater hatte, ganz anders war als meine zu ihm. Die Tatsache, daß sein Vater und ich miteinander nicht glücklich waren, bedeute nicht, daß sein Vater nicht ein guter Mensch wäre oder daß er mit seinem Vater nicht eine enge und gute Beziehung haben sollte. Ehrlich gesagt, bin ich wirklich froh, daß ich endlich den Absprung aus dieser Ehe gefunden habe. Es hätte wirklich keinen Sinn mehr gehabt. Ich schimpfe vor Eric nicht über seinen Vater und erwarte auch nicht, daß er meine Gefühle teilt, aber es ist meiner Meinung nach wichtig, daß die Kinder unsere wahren Gefühle kennen, schon damit sie sich nicht der Hoffnung hingeben, die Eltern könnten wieder zusammenfinden. Sie fühlen sich sonst so ausgeschlossen von unseren innersten Gefühlen. Natürlich würde ich Eric nicht an allen meinen Gedanken teilhaben lassen, auf gar keinen Fall. Aber er ist alt genug, zumindest das Wichtigste zu verstehen. Später ließ er mich wissen, er respektiere meine Ehrlichkeit, wenn auch nicht alle meine Entscheidungen. Also, das aus dem Mund eines Teenagers, ist ja schon fast höchstes Lob. Unser Verständnis füreinander scheint trotz Meinungsverschiedenheiten größer zu werden.«

27
Hören Sie Ihren Kinder zu

Wir wollen, daß andere Menschen mit uns fühlen, aber nicht unbedingt für uns handeln.
George Eliot

Zuzuhören ist jetzt und immer das Liebevollste und Zweckmäßigste, was Sie für Ihre Kinder tun können. So überlastet Sie auch jetzt in dieser Übergangszeit sein mögen, die Zeit, die Sie sich jetzt nehmen, wenn Ihre Kinder mit Ihnen reden möchten, ist in vielfacher Hinsicht langfristig bedeutsam.

Gehörtwerden bewirkt Heilung. Es ist wie Balsam auf die verletzten Seelen Ihrer Kinder, wenn Sie ihnen zuhören, auch wenn Ihnen die Themen trivial oder sich ständig wiederholend vorkommen.

Ganz beiläufige Gespräche in einer entspannten Atmosphäre führen oft zu wichtigen Diskussionen, in denen Sie herausfinden können, was im Kopf Ihres Kindes vorgeht.

Kleinere Kinder transportieren das Gefühl, daß man ihnen zuhört, wenn sie von den Ereignissen ihres Tages oder der Sendung im Fernsehen erzählen, auch in die Pubertät hinüber und sind dann auch in dieser schwierigen Zeit Gesprächen gegenüber viel aufgeschlossener.

Zuhören bedeutet nicht, sie zu unterbrechen und Lösungen für ihre Probleme anzubieten. Viel wirksamer ist es, Ihre Kinder vorsichtig so zu lenken und zu leiten, daß sie selbst Lösungen finden. Ansonsten könnte das Gespräch auch ganz schnell zu Ende sein, was nicht in Ihrem Sinn sein sollte.

Selbst ein Kind, das sich durch Brüllen und Schreien Aufmerksamkeit zu verschaffen sucht, kann sich erstaunlich schnell beruhigen, wenn man nicht von ihm verlangt, sich sofort zu beruhigen, sondern ihm einfach ein paar Minuten zuhört.

Kinder scheinen meistens dann die wichtigsten Gespräche führen zu wollen, wenn die Mutter völlig erschöpft ist oder ganz andere Dinge im Kopf hat. Versuchen Sie trotzdem, sich Zeit zu nehmen. Einmal aufgeschoben, findet dieses Gespräch vielleicht nie mehr statt. Ist es wirklich unumgänglich, daß Ihre Kinder warten müssen, so machen Sie mit ihnen eine feste Zeit in naher Zukunft aus und widmen sich ihnen dann mit voller Aufmerksamkeit.

- Viele Probleme mit den Kindern können vermieden oder gelöst werden, indem Sie gute Kommunikation pflegen.
- Sie erfahren mehr darüber, was Ihre Kinder denken, wenn Sie ihnen nicht gleich widersprechen.
- Zuhören ist Liebe.

»Ich habe zwei Söhne und eine Tochter«, berichtet Sheila, 48. »Einer meiner Söhne sprach nie darüber, was er über die Scheidung dachte, der andere dagegen schon. Ich hatte einen Artikel gelesen, wie Jungen auf eine Scheidung reagieren, und erzählte eines Tages einfach davon, um ihn zum Reden zu bringen. Ich sagte: ›Also, ich habe einen interessanten Artikel über Jungen und Scheidung gelesen. Angeblich brauchen Jungen länger, um über eine Scheidung ihrer Eltern wegzukommen,

obgleich sie nach außen hin zunächst gar nicht darauf reagieren.‹ Er dachte nach und antwortete dann: ›Na ja, jetzt geht es mir wieder gut. Aber lange Zeit kam ich damit überhaupt nicht zurecht und hatte große Probleme. Nun, da ich sie überwunden habe, fühle ich mich viel stärker als vorher.‹ Und dann fuhr er fort: ›Nachts lag ich wach und stellte mir alle Zimmer in unserem alten Haus vor, eines nach dem anderen und jede Einzelheit darin. Ich zwang mich, sie ganz genau im Gedächtnis zu behalten, was immer schwerer wurde. Plötzlich wurde mir klar, daß ich mich damit nur traurig gemacht hatte, und plötzlich machte es mich nicht mehr traurig. Es war auf einmal nicht mehr so wichtig.‹ Noch nie hatten er oder die beiden anderen Kinder jemals über das Haus, in dem wir früher gewohnt hatten, gesprochen. Ich antwortete nichts, weil ich im Moment ziemlich betroffen war. Dann sagte er: ›Ich wollte einfach bis jetzt mit niemandem darüber reden.‹ Was für eine Erfahrung – er erzählte mir das! Ich war so froh, daß ich mir an diesem Tag die Zeit für dieses entspannte Gespräch genommen hatte und ihm einfach hatte reden lassen.«

28
Rufen Sie neue Familientraditionen ins Leben

Verwurzelt zu sein ist vielleicht das wichtigste und am meisten unterschätzte menschliche Bedürfnis.
Simone Weil

Traditionen sind ein ganz wichtiger Faktor in unserem Lebensablauf. Über das Kalenderjahr verstreute Feiertage geben uns Gelegenheit, Jahr für Jahr die Menschen, die uns wichtig sind, um uns zu versammeln. Dabei pflegen wir die Beziehungen und haben Spaß daran, das Leben mit anderen Menschen zu teilen. Die einzigartige Weise, wie in einer Familie Geburtstage gefeiert werden oder das Ferienhäuschen, das wir jeden Sommer mieten, sind Fixpunkte, auf die wir uns verlassen können. Bei diesen Gelegenheiten fühlen wir uns geborgen und umsorgt.

Eine Scheidung unterbricht ganz offensichtlich diese Verhaltensmuster. Fest- und Feiertage können plötzlich besonders einsame Zeiten werden, die uns schmerzlich daran erinnern, daß alles anders geworden ist. Gelegentlich kommt es zwischen ehemaligen Partnern dann auch zu regelrechten Kampfhandlungen. Wer darf wen aus der Verwandtschaft und aus dem Bekanntenkreis zu Thanksgiving einladen? In gemütlich geheizten Räumen kann es zu Weihnachten mit einem Schlag eiskalt werden, wenn die beiden Ex-Partner die vertrauten Traditionen des Weihnachtsfestes zu erhalten versuchen, ehe sie ihre Differenzen einigermaßen geregelt haben.

Das muß nicht sein.

In den meisten Fällen ist es am klügsten, nicht alles

beim alten lassen zu wollen, sondern einen Schritt in die entgegengesetzte Richtung zu machen. Sie haben Thanksgiving immer bei Ihren Schwiegereltern verbracht? Dann sollten Sie vielleicht diesmal Gastgeberin sein. Wie wäre es mit ein paar Freunden und Verwandten, die früher nie in der Runde dabeiwaren? Das ergibt eine völlig neue Atmosphäre, anstatt immer nur an die Vergangenheit zu erinnern. Sie waren mit den Kindern im Sommer immer eine Woche am Meer? Wie wäre es einmal mit den Bergen oder mit einem ganz anderen Strand? Fragen Sie eine andere Familie mit Kindern, ob sie mit Ihnen einen neuen Urlaubsort ausprobieren will.

Kinder mögen Veränderungen meist überhaupt nicht. Sie sträuben sich grundsätzlich gegen alle Vorschläge, den Familienurlaub oder heißgeliebte Traditionsfeiern anders zu gestalten. Leichter für Sie wird es, wenn Sie Ihre Pläne schon einigermaßen durchdacht haben, ehe Sie den Kindern davon erzählen. Lassen Sie sie bei den Details mitentscheiden, aber machen Sie deutlich, daß Sie nicht willens sind, es wie früher zu machen.

Schaffen Sie ein neues Erlebnis, und sei es nur ein neues Rezept für das Weihnachtsmenü, anstatt zu bedauern, daß es nicht mehr so wie früher ist. Sie werden stolz auf Ihre Leistung sein und diese schwierigen Zeiten sogar richtig genießen können. Die Familientraditionen der Vergangenheit sind nicht verloren. Sie bauen eigentlich nur darauf auf. Schon bald werden Sie Spaß an Traditionen haben, die Sie für sich neu gestaltet haben.

- Das Alte wird Ihnen nicht so sehr fehlen, wenn Sie etwas Neues anfangen.
- Laden Sie neue Leute ein, um neue Traditionen zu schaffen.
- Lassen Sie die Feiertage nicht einfach auf sich zukommen. Machen Sie Pläne.

»Vielleicht ist es ohne Kinder leichter, flexibel zu sein«, mutmaßt Chris, 39. »Die ersten beiden Jahre, nachdem Todd und ich auseinandergegangen waren, versuchte ich, zu Weihnachten etwas anderes zu machen. Erst besuchte ich meine Familie an der Westküste – das war keine sehr gute Idee. Sie waren sich noch nicht so ganz sicher, wie sie zu meiner bevorstehenden Scheidung stehen sollten, und es war dort sehr schwer für mich, mich zu entspannen. Im Jahr darauf versuchte ich mein Glück bei einer Tante und einem Onkel, die nicht sehr weit weg wohnten. Aber ihr Weihnachtsfest war so anders als das meiner Erinnerung, daß ich das Gefühl hatte, an einem völlig fremden Feiertag teilzunehmen. Dann habe ich mich von Freunden beraten lassen. Letztes Jahr fuhr ich mit einer Freundin zum Skifahren, in ein ganz entlegenes Nest, das sie gut kannte. In diesem kleinen Städtchen wurde das Weihnachtsfest ganz fröhlich und ausgelassen gefeiert. Es gab ein riesiges Feuer im Freien, und die Menschen umringten es und sangen. Alle Bars und Restaurants waren festlich geschmückt. Ich habe alle möglichen Leute aus anderen Staaten kennengelernt, und es hat unheimlich Spaß gemacht, mit ihnen zu plaudern. Es war einfach wunderbar, und ich habe so viel Kraft getankt. Endlich einmal mußte ich mich nicht mit irgendwelchen Verrücktheiten auseinandersetzen. Ich war eigentlich nur sechs Tage weg. Aber selbst drei wären schon genug gewesen. Und es war den Preis wert. Auch wenn ich mich nur in einer kleinen Berghütte in der Nähe einquartiert, gut gegessen und im Wald spazierengegangen wäre, hätte das ausgereicht und wäre besser gewesen, als mich mit anderer Leute Feiertagstraditionen herumzuquälen. Ich weiß nicht, ob das zu einer festen Tradition wird, aber es war toll, irgendwie geistig erhebend. Und sehr feierlich.«

29
Ein neuer Mann – was sagen die Kinder dazu?

Die eine Hälfte der Welt kann die Vergnügungen der anderen Hälfte nicht verstehen.
Jane Austen

Ja, alleinerziehende Mütter können sehr wohl ein gesellschaftlich erfülltes Leben haben. Selbst in einem Haus voller Kinder muß Platz für Sie und Ihre Bedürfnisse sein.

Mit Freunden auszugehen ist nicht so ungewöhnlich. Ihre Kinder sind wahrscheinlich daran gewöhnt, Sie mit anderen Erwachsenen ausgehen zu sehen. Aber wie sieht es aus, wenn zum erstenmal ein fremder Mann ins Haus kommt, um Sie abzuholen? Sollte er überhaupt zu Ihnen nach Hause kommen?

Sie müssen sich Ihre eigenen Grundregeln für das Ausgehen mit Männern schaffen. Es geht wahrscheinlich alles viel glatter, wenn Sie aufhören, immer zu überlegen, wie Ihre Kinder Sie wohl als alleinstehende Frau sehen. Die Bereitschaft der Kinder, im Leben der Mutter neue Männer zu akzeptieren, hängt sowohl vom Alter der Kinder ab als auch davon, wie sicher sie sich fühlen und inwieweit sie sich mit der Trennung und der Scheidung abgefunden haben.

Kinder zeigen ihre Gefühle auf verschiedene Weise. Wenn Sie das Gefühl haben, Ihre Kinder benehmen sich seltsam oder destruktiv gegenüber einem neuen Mann im Leben ihrer Mutter, oder wenn Sie Schwierigkeiten haben, Ihr Bedürfnis nach einem gesellschaftlichen Leben mit dem Ihrer Kinder nach Sicherheit zu koordinieren, sollten Sie ruhig professionelle Hilfe in Anspruch nehmen, vielleicht einen Therapeuten, der sich auf die Arbeit mit Kindern spezialisiert hat. Eine oder zwei Stunden mit der richtigen Person können schon eine große Hilfe sein.

Sprechen Sie mit Ihren Kindern. Sagen Sie ihnen, was Sie für das Wochenende geplant haben. Sie fühlen sich sicherer, wenn sie informiert sind, als wenn Sie weggehen, ohne ihnen etwas zu sagen. Sie gehen ohnehin nur aus, wenn die Kinder nicht bei Ihnen sind? Egal – sagen Sie ihnen, daß Sie verabredet sind.

Natürlich werden Sie je nach Reaktion der Kinder entscheiden, wieviel Sie sagen oder wann Sie ihnen einen neuen Mann vorstellen. Aber die Antipathie Ihrer Kinder gegenüber einem Mann oder ihre Opposition dagegen, daß Sie ausgehen, darf nicht Ihr Handeln bestimmen. Eigentlich wollen Kinder diese Art von Macht über Sie auch gar nicht. Selbst in diesem Bereich wollen sie, daß Sie gewinnen. Beharren Sie auf Ihrem Recht, sich bei der Wahl Ihrer Freunde nicht dreinreden zu lassen. Aber gewähren Sie ihnen auch das Recht, mit Ihrer Wahl nicht einverstanden zu sein. Nur so werden alle Beteiligten die Freiheit haben, die sie brauchen, um klare Entscheidungen treffen zu können.

- Sie und Ihre Kinder brauchen Zeit, um sich an Ihr neues gesellschaftliches Leben zu gewöhnen. Überstürzen Sie nichts.
- Schreiben Sie Ihren Kindern nicht ihre Gefühle vor. Und lassen Sie nicht zu, daß Ihre Kinder das mit Ihnen tun.
- Sie sind die Erwachsene. Geben Sie Ihren Kindern nicht mehr Macht, als sie verkraften können.

»Wenn ein Mann kam, um mich abzuholen, verschwanden meine Kinder einfach von der Bildfläche«, sagt Phyllis, 52. »Sie gingen in den Keller und ließen sich nicht blicken. Ich ließ sie einfach gewähren. Ich habe ihnen nie einen Mann, der mich abholte, vorgestellt, bat sie nie,

höflich zu sein, also, ich meine, ich wollte natürlich nicht, daß sie sich ganz schrecklich benahmen, aber sie mußten nicht besonders freundlich sein oder aus dem Keller heraufkommen. Wenn sie mit der Sache nichts im Sinn hatten oder sich da ganz raushalten wollten, war das für mich in Ordnung. Ich sagte nie zu einem Mann: ›Laß uns ausgehen und die Kinder mitnehmen.‹ Niemals. Wenn ich dann einmal wirklich wollte, daß der Mann meiner Wahl meine Kinder kennenlernte oder zu uns zum Essen kam, so war das eine große Sache. Die Männer, mit denen ich ausging, wußten, daß ich Kinder habe, weil unser Haus immer dementsprechend aussah, aber ich habe keinen Druck auf die Kinder ausgeübt. Viele Leute, die ich kenne, hätten gesagt: ›Johnny, zeig Sam dein Zimmer.‹ Aber meine Kinder mochten das nicht, und für mich war das in Ordnung. Einmal erklärte mir meine halbwüchsige Tochter, daß sie Mann X nicht leiden konnte, aber dafür Mann Y ganz nett fand und kein Wort mehr mit mir reden würde, wenn meine Wahl anders aussehen würde. Das war eine gute Gelegenheit, und ich sagte zu ihr: ›Schau, das ist mein Leben, und ich treffe hier die Entscheidungen. Wenn du deswegen schmollen willst – bitte. Ich bin ein erwachsener Mensch und will selbst für meine Beziehungen verantwortlich sein. Ich sage dir ja schließlich auch nicht, wer deine Freunde sein sollen.‹ Sie verlor nie mehr ein Wort darüber. Ich glaube, sie wollte nur mal testen. Ich hätte ja auch denken können: ›O mein Gott, er gefällt ihr nicht. Was wird sein, wenn ich mit ihm eine ernsthafte Beziehung anfange?‹ Aber das habe ich nicht gemacht. Vor zehn Jahren habe ich genau diesen Mann geheiratet. Und die beiden kommen prächtig zurecht. Ich glaube, sie hat wirklich mein Recht auf ein eigenes Leben akzeptiert.«

30
Unterstützen Sie die Beziehung Ihres Ex-Mannes zu Ihren Kindern

Reich sind wir nur durch das, was wir geben, arm nur durch das, was wir verweigern.
Anne-Sophie Swetchine

Ihre Kinder haben zwei Elternteile. Das gilt heute genauso wie gestern und morgen. Ihre Kinder sind Ihnen wichtig. Deshalb ist es auch in Ihrem Interesse, die Beziehung zu ihrem Vater, wie auch immer sie aussehen mag, zu fördern, unabhängig von Ihrem Kontakt zu ihm.

Sie können die Beziehung unterstützen, ohne darin involviert zu sein. Halten Sie sich an die Abmachungen, wo und wann die Kinder ihren Vater sehen können. Wenn sie jeden Donnerstag um sechs Uhr abgeholt werden sollen, dann sollten sie fünf Minuten früher fertig sein. Wenn Sie zugestimmt haben, daß die Kinder einen Monat im Sommer mit dem Vater in Urlaub fahren dürfen, dann suchen Sie nicht nach Ausflüchten, warum das nicht funktionieren könnte oder unbequem ist. Tun Sie das Ihre dazu, damit alles klappt.

Langfristig gesehen ist eine Zusammenarbeit besser. Ihre Kinder werden dann die Zeit mit ihrem Vater entspannt genießen können, ohne sich wegen irgendwelcher Restriktionen befangen fühlen zu müssen.

Machen Sie ihnen den Kontakt mit dem Vater so leicht wie möglich. Ermutigen Sie sie, so oft sie wollen, mit ihm zu telefonieren. Und gehen sie dabei aus dem Zimmer. Das Vertrauen in beide Eltern wird wachsen, wenn sie die Freiheit haben, die Beziehung nach ihren persönlichen Wünschen zu gestalten.

Natürlich sollten Sie darauf bestehen, daß Ihr Ex-Mann sich an Ihren Zeitplan und Ihre Hausordnung hält. Aber bleiben Sie gelassen, wenn es mal nicht so klappt. Bringt er die Kinder eine Stunde zu spät zurück, dann erinnern Sie ihn möglichst ruhig an Ihre Abmachungen und bitten ihn, Bescheid zu sagen, falls er sich verspäten sollte. Das bringt sicherlich mehr, als wenn Sie wie eine Furie zu seinem Wagen rennen und ihn anschreien.

Lassen Sie ihn an Informationen über seine Kinder von der Schule, dem Kinderarzt oder dem Babysitter teilhaben, besonders dann, wenn die Informationen wichtig für seine Beziehung zu ihnen sind. Auch er sollte Ihnen im Gegenzug Neuigkeiten mitteilen. Kinder, die spüren, daß die Kommunikation zwischen den Eltern funktioniert, werden ihre Eltern nicht, wie sie es sonst so gerne tun, gegeneinander ausspielen, eine Taktik, die schädlich für alle Beteiligten ist. Sie haben Schwierigkeiten, mit Ihrem Ex-Mann zu reden? Dann können Sie ihm noch immer etwas Schriftliches zukommen lassen. Woraus sich häufig eine Verbesserung des mündlichen Kontakts ergibt – also ein durchaus lohnendes Ziel.

- Der Vater der Kinder muß sich an die Abmachungen in bezug auf die Kinder halten. Machen Sie jedoch auch keine willkürlichen Restriktionen.
- Erlauben Sie Ihren Kindern großzügigen Telefonkontakt mit ihrem Vater.
- Wenn Sie Bilder vom Schulfest oder einer Sportveranstaltung machen, lassen Sie zusätzlich Abzüge für Ihren Ex-Mann anfertigen.

»Don und ich haben gemeinsames Sorgerecht. Als wir uns darauf einigten, habe ich wirklich kaum darüber nachgedacht, was Teilen, außer in punkto Zeit und körperlicher Anwesenheit, bedeutet«, erklärt Nathalie, 45. »Wir konnten das mit den Kindern ganz leicht regeln, wahr-

scheinlich weil wir ganz gut miteinander auskommen und nicht das Gefühl hatten, wir müßten uns gegenseitig etwas beweisen. Wir nehmen beide an Schulveranstaltungen teil. Inzwischen bringt auch jeder seinen neuen Partner mit, und das funktioniert prima. Die Kinder wissen, daß sie uns nicht gegeneinander ausspielen können, weil wir miteinander reden. Mein vierzehnjähriger Sohn hatte neulich abends Freunde eingeladen, als ich nicht da war. Ich erlaube das nicht, wenn ich nicht da bin, und er wußte, daß es ein Donnerwetter geben würde, als ich es erfuhr. Also ging er an jenem Montag nach der Schule zu seinem Dad, anstatt zu mir nach Hause. Normalerweise stört es mich nicht, wenn die Kinder zusätzliche Zeit mit ihrem Vater verbringen wollen. Sie sind alt genug, um wählen zu können. Aber ich rief Don an und erzählte ihm die Geschichte, worauf er Alex sofort zu mir nach Hause fuhr. Ich hätte das gleiche gemacht, wenn Alex bei Don etwas ausgefressen und versucht hätte, dem Donnerwetter zu entgehen. Ich glaube, es wäre ganz schön schwer, diese Burschen zu erziehen, wenn wir nicht beide die Regeln des anderen respektieren würden.«

31
Mäkeln Sie nicht an seinem Erziehungsstil herum

Kinder leiden vor allem unter Einmischung,
nicht unter Nichteinmischung.
Agatha Christie

Ihr Ex-Mann verhält sich als Elternteil sicher genauso wie in der Zeit Ihrer Ehe. Hat sich der seit der Trennung aufgewirbelte Staub erst einmal gelegt, werden Sie feststellen, daß das, was Sie an ihm bewundert haben, immer noch da ist. Und auch das, was problematisch war, wird problematisch bleiben.

Da Sie aber jetzt getrennt leben oder geschieden sind, haben Sie weniger Anlaß und weniger Gelegenheit, Ihre Differenzen in Erziehungsfragen auszudiskutieren. Den Problemen, die daraus erwachsen können, gehen Sie am besten dadurch aus dem Weg, daß Sie die Unterschiede im Erziehungsstil akzeptieren, solange Ihre Kinder keinen direkten Schaden davontragen. Sie müssen natürlich darauf vertrauen können, daß die Gesundheit und Sicherheit Ihrer Kinder in keiner Weise gefährdet ist.

Konzentrieren Sie sich ganz auf die guten Dinge im Erziehungsstil des Vaters Ihrer Kinder und verdrängen Sie die kleineren Konfliktpunkte. Sie sind ohnehin eher ärgerlich als wirklich schädlich. Wenn die Kinder bei ihm länger aufbleiben dürfen, aber weder ihre Gesundheit noch ihre Noten davon betroffen sind, dann machen Sie deswegen keinen Aufstand. Die Kinder verkraften das schon. Überlegen Sie sich ernsthaft, ob es der Mühe wert ist, sich darüber aufzuregen, daß die Kinder beim Vater mehr Süßigkeiten essen dürfen.

Sind es allerdings grundsätzliche Dinge, die der Vater mißachtet, dann sollten Sie mit ihm darüber reden. Bestehen Sie nicht darauf, daß er sich an Ihre Regeln und Methoden hält. Wenn die Kinder beim Vater ihre Hausaufgaben nicht ordentlich machen, dann machen Sie ihn auf das Problem aufmerksam und geben ihm die Möglichkeit, selbst eine Lösung zu finden. Sagen Sie ihm nicht, was er tun soll. Auch daß die Kinder Angst vor seinen Wutausbrüchen haben, soll er wissen. Aber bleiben Sie ruhig dabei. Geben Sie ihm die Chance, die Probleme auf seine Art und Weise zu lösen. Je mehr es Ihnen gelingt, sich aus einem Machtkampf herauszuhalten, um so mehr profitieren Ihre Kinder davon.

- In vielen Bereichen des täglichen Umgangs arbeiten die beiden Elternteile nicht mehr zusammen. Sie sind unabhängig, sollten jedoch offen und aufgeschlossen für eine Zusammenarbeit bleiben.
- Sich über Kleinigkeiten aufzuregen bringt große Schwierigkeiten.
- Widerstehen Sie der Versuchung, den Erziehungsstil Ihres Ex-Mannes zu kontrollieren. Konzentrieren Sie sich auf seine positiven Seiten.

»Mein Sohn ist sieben. Sein Vater und ich haben uns getrennt, als Jason dreieinhalb war«, sagt Allison, 38. »Jason lebt bei mir und verbringt jedes zweite Wochenende bei seinem Vater. Wenn sie bis elf Uhr aufbleiben und das ganze Wochenende für Jasons Alter ungeeignete Videos ansehen wollen, dann passiert das wenigstens nur jedes zweite Wochenende. Es kümmert mich nicht mehr. Charles ist auch ein Elternteil. Seine Vorstellungen stimmen ganz und gar nicht mit meinen überein, aber damit muß ich leben. Anfangs war ich so naiv, ich dachte wirklich, ich könnte aus meinem Ex-Mann, der schon ein problematischer Vater war, solange wir zusammenlebten, einen wirklichen Vater, nicht nur einen Wochenendvater, machen. Also war Jason jede Woche von Donnerstag bis

Sonntag bei seinem Vater. Ich glaubte, so würde er mehr vom Alltag mitbekommen und nicht nur so ein Disneyworld-Vater am Wochenende sein. Aber das funktionierte aus vielen komplizierten Gründen überhaupt nicht. Jetzt sind wir nach einigen gerichtlichen Auseinandersetzungen wieder bei der Jedes-Zweite-Wochenende-Lösung. Und das ist gut so. Jason soll ruhig mit einem Disneyworld-Papi aufwachsen. So ist es nun mal. Es ist nicht an mir, daran etwas ändern zu wollen. Es würde ohnehin nicht funktionieren. Und sollte es einmal besser werden – wunderbar. Jason wird sich, wenn er größer ist, seine eigenen Gedanken machen. Meine Aufgabe ist es, den Alltag für ihn so reibungslos wie möglich zu gestalten.«

32
Vertrauen Sie Ihren Kindern

Die uns vertrauen, erziehen uns.
George Eliot

Es ist hinlänglich bekannt, daß wir die Dinge am besten können, die wir aus eigener Erfahrung gelernt haben.

Während Sie jetzt die Lektionen Ihrer Scheidung lernen, sind die Kinder mit ihren eigenen Lektionen beschäftigt. Es ist schwierig, ihnen dabei zusehen zu müssen, zu beobachten, wie sie mit ihren Gefühlen kämpfen, zornig und traurig sind und manchmal die falschen Schlüsse ziehen. Doch sie müssen da durch, genauso wie Sie auch.

Ihnen die Dinge aus Ihrer Sicht zu erklären, bringt nicht sehr viel. Natürlich wollen Sie, daß sie verstehen, was passiert ist. Natürlich wollen Sie, daß die Kinder Ihrer Meinung sind. Aber sie werden sich leichter mit der Scheidung abfinden und sich ihre eigene Meinung bilden, wenn Sie sie in Ruhe lassen. Versuchen Sie nicht, für sie zu denken, egal, wie alt oder jung sie sind.

Was Sie hingegen tun können, ist, ihnen auf so viele Art und Weisen wie möglich zu zeigen, daß Sie sie lieben und sich um sie kümmern werden. Sie sollen spüren, daß Sie ihre Gefühle akzeptieren, daß sie Ihnen wichtig sind.

Ihre Kinder werden vielleicht eine Zeitlang sehr wütend auf Sie sein. Wenn sie Ihnen vertrauen und sicher sind, daß sie, egal, was da kommen mag, geliebt werden, werden sie unter Umständen noch zorniger sein. Das wird Ihnen sehr zu schaffen machen. Trösten Sie sich damit, daß Kinder ihre wahren Gefühle nur Menschen zeigen, denen sie vertrauen. »Man verletzt immer die Menschen, die man liebt« – ein Sprichwort, das vor allem für Kinder gilt.

Lassen Sie sich jedoch nicht tyrannisieren. Sie müssen mit ihren Ansichten über Sie und den Ereignissen in Ihrem Leben nicht einverstanden sein. Und Sie müssen weder Schuldgefühle haben noch Verantwortung für Dinge übernehmen, für die Sie nichts können. Verlangen Sie Respekt und zollen Sie ebenso Respekt. Ihr Glaube an ihre Fähigkeit, die Situation zu verarbeiten, wird ihnen helfen, eben das zu schaffen.

- Geben Sie Ihren Kindern Raum und Zeit, ihre eigenen Gefühle in bezug auf Ihre Scheidung zu verarbeiten.
- Lassen Sie die Erfahrung für sich selbst wirken. Versuchen Sie nicht, Ihren Kindern vorzuschreiben, was sie denken sollen.
- Wenn Sie Ihren Kindern zutrauen, eine solche Situation durchzustehen, dann werden sie das auch schaffen.

»Eine meiner schlimmsten Erinnerungen ist der erste Muttertag nach unserer Trennung«, sagt Terry, 46.

»Meine älteste Tochter war damals elf. Ich wußte, daß die Kinder den Muttertag ignorieren würden, und das taten sie auch. Ich habe das von vielen geschiedenen Frauen gehört. Die Kinder, vor allem die Kinder im Teenageralter, tun einfach so, als gäbe es keinen Muttertag. Es kommt diesen Frauen wie eine Bestätigung vor, daß sie für ihre Kinder nicht mehr das sind, was sie früher einmal waren. Und es gibt den Kindern Gelegenheit, sich für das, was sie durchgemacht haben, zu rächen. Es ist eine sehr subtile Reaktion. Aber dieses Jahr habe ich von meinen drei Kindern sechs Rosen bekommen. Sie hatten sie auf den Wohnzimmertisch gestellt. Ich war nicht zu Hause gewesen, und als ich dann am Nachmittag kam, zeigte mein mittlerer Sohn wortlos auf die Rosen. Und mein jüngster Sohn hatte einen kleinen Zettel geschrieben, der daneben lag. Darauf stand nur: ›Die sind für Dich.‹ Kurz darauf hörte ich sie streiten, wer für die Rosen noch wieviel an seine Schwester zu zahlen hätte. Ich kann Ihnen gar nicht sagen, wie gut mir diese Rosen taten. Die Kinder haben das auf ihre eigene, zurückhaltende Weise getan und mir damit gesagt, daß sie endlich alles so weit verarbeitet haben, um mir auf ihre Weise sagen zu können, daß sie mich lieben. Jetzt können sie auch wieder so handeln, als wären wir eine richtige Familie. Und das sind wir auch.«

33
Mischen Sie sich nicht in die Beziehung zwischen Ihrem Ex-Mann und Ihrer Familie ein

Familienleben! Die Vereinten Nationen sind ein Kinderspiel im Vergleich zu dem Hin- und Hergezerre in einer Familie, dem ewigen Zwang, zu verstehen und zu vergeben.
May Sarton

Es ist immer schwierig, seiner Familie zu sagen, daß man vorhat, seine Ehe zu beenden. Manche Menschen finden es schlimmer, es ihren Eltern zu sagen als ihren eigenen Kindern. Vielleicht haben sie dabei irgendwie das Gefühl, eine Niederlage eingestehen zu müssen oder ihre Familie enttäuscht zu haben?

Die Mitglieder Ihrer Familie – Ihre Eltern, Brüder oder Schwestern, Onkel und Tanten – haben alle eine eigene Beziehungsgeschichte mit Ihrem Ex-Mann, ob sie nun wichtig für denjenigen ist oder nicht. Besonders wenn Sie sehr lange verheiratet waren, ist ihnen die Person, die nun plötzlich nicht mehr zur Familie gehören soll, möglicherweise sehr nahe. Die Nachricht von der Trennung wird sie sehr traurig machen, und sie werden entsprechend Trauerarbeit leisten müssen und wollen.

Natürlich sind Sie jetzt auch auf ihre Unterstützung angewiesen. Hat Ihr Ex-Mann Sie schlecht behandelt, werden Sie wollen, daß sich die Familie um Sie schart und Ihnen hilft, die Scheidung über die Bühne zu bringen.

Vielleicht tut sie das auch. Vielleicht aber auch nicht. Sie muß auch selbst erst mit der Tatsache Ihrer Scheidung zurechtkommen. Und während dieser Zeit ist sie unter Umständen Ihren Gefühlen gegenüber nicht immer sehr verständnisvoll.

Es ist ganz wichtig, Ihre Familie wissen zu lassen, was Sie von ihr wollen. Sie wollen möglichst keine persönlichen Fragen, wie es denn dazu kommen konnte? Dann sagen Sie ihr das klipp und klar. Sie brauchen Hilfe von ihr – jemand zum Babysitten oder finanzielle Unterstützung? Sagen Sie es. Melden Sie Ihre Bedürfnisse an.

Gleichzeitig müssen Sie Ihrer Familie aber auch Zeit geben, sich in bezug auf Ihren Ex-Mann neu zu orientieren. Vielleicht wollen Sie persönlich ihn ja möglichst nie mehr in Ihrem Leben sehen. Aber es wäre unfair von Ihnen, Ihrem jüngsten Bruder, der von ihm so viele Baseballtricks gelernt hat, auch den Umgang mit ihm zu verbieten.

Versuchen Sie nicht, auf diese Beziehungen Einfluß zu nehmen. Sie scheitern zwangsläufig und fühlen sich danach nur um so schlechter. Wie so oft in Ihrer derzeitigen Situation bringt es mehr für Sie, wenn Sie sich darauf konzentrieren, was Sie für sich tun können, und wenn Sie die anderen sich selbst überlassen.

- Bitten Sie Ihre Familie um Unterstützung, aber versuchen Sie nicht, auf die Beziehung Ihrer Familie zu Ihrem Ex-Mann Einfluß zu nehmen.
- Machen Sie sich die Beziehungsgeschichte Ihrer Familie zu Ihrem Ex-Mann bewußt und denken Sie darüber nach, wie sie deshalb das Scheitern Ihrer Ehe empfinden müssen.
- Wenn einige Familienmitglieder sich Ihnen gegenüber verständnislos benehmen, während sie versuchen, mit der Situation zurechtzukommen, dann lassen Sie sie wissen, daß Sie sich gekränkt fühlen. Geben Sie ihnen eine Chance, ihre Meinung zu überdenken.

»Eine der Belastungen unserer Ehe war die Tatsache, daß wir beruflich mehrere Jahre pendeln mußten. Es bestand keinerlei Aussicht, daß sich das ändern würde«, erzählt Carrie, 42. »Unter der Woche wohnte mein Mann bei meinem Bruder und seiner Frau. Sein neuer Arbeitsplatz war zweihundert Meilen von unserem Wohnort und meiner Arbeit entfernt. Während dieser Zeit wurden mein Bruder und mein Mann gute Freunde. Als wir uns trennten, war mein Bruder völlig aus der Fassung. Jedes Gespräch mit ihm endete damit, daß ich in Tränen aufgelöst war, weil er mir erzählte, daß ich einen großen Fehler beginge. Und mein Mann wohnte weiterhin im Haus meines Bruders. Ich kam mir richtig betrogen vor. Ich hätte einen großen Bruder gebraucht, der mir zur Seite stand. Statt dessen verteidigte er meinen Ex-Mann. Ich hätte ihm viele Geschichten erzählen können, die ihn sicher auf meine Seite gebracht hätten. Aber das wollte ich nicht. Ich konnte nicht groß etwas ausrichten. Der Kontakt wurde immer spärlicher. Das war vor Jahren, und im Laufe der Zeit sind wir uns wieder nähergekommen. Mein Ex-Mann hat sein Leben auch neu geordnet und ist nicht mehr so eng mit meinem Bruder befreundet. Es ist nicht mehr so wie früher zwischen mir und meinem Bruder, aber wir haben eine liebevolle Beziehung. Und eigentlich ist es ganz gut, daß ich mich nicht so abhängig von meinem Bruder fühle. Ich bin nur heilfroh, daß ich mich nie zu einer häßlichen Stunde der Wahrheit habe hinreißen lassen, nur um mich selbst zu entlasten. Es ist überhaupt nicht mehr wichtig.«

34
Ordnen Sie die Beziehung zu Ihren Schwiegereltern neu

Friede wird nicht von denen gestiftet, die starr an ihren Differenzen festhalten, sondern von denen, die aufgeschlossen und großherzig Annäherungen suchen.
Katherine Paterson

Für ehemalige Familienmitglieder gibt es keine festgelegten Rollen. Vielleicht kommt das ja noch angesichts der hohen Scheidungsrate. Aber momentan bleibt es den einzelnen Familienmitgliedern überlassen, wie ihre Beziehung zu den Personen sein wird, die nicht mehr durch Ehe mit ihnen verbunden sind.

Die Familie Ihres Ex-Mannes wird vielleicht Hilfe bei der Neuorientierung ihrer Beziehung zu Ihnen brauchen. Wenn Sie eine sehr enge Beziehung zu Ihren Schwiegereltern hatten und das auch beibehalten möchten, dann sollten Sie ihnen das mitteilen. Sicherlich haben sie Schwierigkeiten, ihre Loyalität richtig auszuloten. Zeigen Sie ihnen, daß Sie ihnen verbunden bleiben wollen, ohne ihrem Sohn etwas wegnehmen zu wollen. Das kann der Anfang einer guten Beziehung sein.

War die Beziehung zu Ihren Schwiegereltern ohnehin nicht die beste, so wird sie sich jetzt auch nicht verbessern. Sie können höchstens daran arbeiten, daß deren Beziehung zu Ihren Kindern, so Sie welche haben, mit so viel Kontakt, wie alle Beteiligten gerne haben möchten, weitergeführt wird. Wenn Sie diejenige waren, die darauf geachtet hat, daß die Kinder nicht vergessen haben, zu gegebenen Terminen Karten zu schreiben und Geschenke zu schicken, dann könnten Sie diese Aufgabe jetzt dem Vater der Kinder übertragen. Oder Sie können weiter diese Pflicht übernehmen. Ganz wie Sie wollen.

Lassen Sie sich und den Dingen Zeit. So wie Sie jetzt Ihre Freundschaften neu ordnen, können Sie das auch in gewissem Maße mit Ihren familiären Beziehungen tun. Familienmitglieder, die wütend auf Sie sind, sollten Zeit haben, sich darüber klarzuwerden, daß Ihre Scheidung eine Angelegenheit zwischen Ihnen und Ihrem Mann ist und es weder richtig noch notwendig ist, sich darüber ein Urteil zu erlauben. Sie werden ihren Stammesdünkel schon hintanstellen müssen, wenn sie mit Ihnen weiter eine gute oder überhaupt eine Beziehung haben möchten.

Wollen Sie mit der Familie Ihres Ex-Mannes weiter Kontakt halten, dann behandeln Sie sie wie gute Freunde. Rufen Sie sie an und unternehmen Sie etwas mit ihnen. Vielleicht sind sie unsicher, wie sie sich Ihnen gegenüber verhalten sollen, und meinen sogar, Sie wollten gar keine Verbindung mehr mit ihnen, jetzt, da Ihre Ehe in die Brüche gegangen ist. Teilen Sie sich ihnen mit, lassen Sie sie wissen, wie Sie zu ihnen stehen.

- Entscheiden Sie für sich ganz alleine, wie die ideale Beziehung zu der Familie Ihres Ex-Mannes aussehen soll. Sie muß auch nicht zu allen Familienmitgliedern gleich sein.
- Teilen Sie der Familie Ihres Ex-Mannes mit, wie Sie die Beziehung zu ihnen in Zukunft gestalten wollen.
- Regen Sie sich nicht auf, wenn irgend jemand wütend auf Sie ist. Brechen Sie einfach den Kontakt ab, wenn sich jemand Ihnen gegenüber ungehörig benimmt.

»Ich hatte immer mehr Kontakt mit Jeffs Familie als er mit meiner«, sagt Wendy, 36. »Ich habe versucht, den Kontakt aufrechtzuerhalten, weil sie hier in der Stadt leben, und ich wollte, daß meine Töchter ihre Verwandten kennen und wissen, daß auch sie Teil der Familie sind. Zu Jeffs Mutter hatte ich nie eine gute Beziehung. Wir

lagen uns ständig in den Haaren. Ich hatte immer das Gefühl, sie wollte ständig darüber bestimmen, was ich und meine Kinder zu tun hätten. Ich habe aber meinen eigenen Kopf. Und meine Töchter auch. Sie selbst hatte sich kurz nach unserer Hochzeit scheiden lassen, und wir haben danach Jeffs Vater so gut wie nie mehr gesehen. Als wir uns scheiden ließen, hatte ich das Gefühl, sie stand voll auf Jeffs Seite und war froh, mich loszuwerden. Vor kurzem hat sie mich jedoch unter einem Vorwand angerufen. Ich hatte den Eindruck, sie wollte doch den Kontakt nicht ganz abreißen lassen und hatte nach einem Grund gesucht, anrufen zu können. Das hat mich sehr überrascht, aber ich fand es wirklich gut, daß sie sich dazu durchgerungen hatte. Ich versuchte, ihr zu zeigen, daß ich gerne bereit bin, mit ihr eine freundschaftliche Beziehung zu pflegen, wenn wir beide das wollen. Und ich werde sie auch demnächst anrufen. Sie ist die Großmutter meiner Kinder, und ich möchte, daß sie alle Großeltern haben, die man haben kann. Sie sollen diesen Teil der Familiengeschichte mitbekommen, solange es möglich ist. Wenn wir freundlich miteinander umgehen können und uns nicht gegenseitig das Leben schwermachen, bin ich dafür.«

35
Seien Sie auf überraschende Änderungen bei Ihren Freundschaften gefaßt

Schwierigkeiten sind wie ein Sieb, durch das wir unsere Bekannten schütten. Diejenigen, die nicht durchfallen, sind unsere Freunde.
Arlene Francis

Eine Scheidung ist ein erstaunlich öffentliches Ereignis. Auf einmal fühlen sich Menschen, die normalerweise nie auf die Idee kämen, sich über Ihr Privatleben zu äußern, bemüßigt, Ihnen – natürlich ungefragt – ihre Meinung zu Ihrer Entscheidung mitzuteilen.

Gute Freunde werden plötzlich zu scharfen Kritikern, die nicht nur an Ihrem Entschluß, sich scheiden zu lassen, herummäkeln, sondern auch an allen Ihren Schritten auf dem Weg dorthin.

Viele Menschen sehen in einer Scheidung eine beängstigende Bedrohung ihres wohlgeordneten Umfeldes. Möglicherweise fürchten sie, auch ihr Leben könnte sich plötzlich ohne Vorwarnung ändern. Oder aber sie beneiden Sie um den Mut zu diesem Schritt, den sie selbst nicht aufbringen können.

Ganz genau können Sie die Reaktion Ihrer Freunde auf die Ankündigung Ihrer Scheidung nie vorhersagen. Manche werden sich einfach zurückziehen, manche werden sich strikt auf die Seite Ihres Ex-Mannes schlagen, manche werden Ihnen so zusetzen, daß Sie immer weniger Lust verspüren, sich ihnen mitzuteilen.

Andererseits wird es Freunde geben, die sich als wirkliche Stütze erweisen, die Sie wie selbstverständlich und ohne großes Aufsehen noch spät abends am Flughafen abholen, Sie regelmäßig zum Essen oder ins Kino einladen und Sie und Ihre Kinder in ihre Urlaubsplanung miteinbeziehen. Diese Freunde sind mit Gold nicht aufzuwiegen. Vergessen Sie die anderen und pflegen Sie diese Beziehungen, indem Sie Ihre Dankbarkeit zum Ausdruck bringen und ihnen ebenso selbstverständlich zur Seite stehen.

Wahrscheinlich wird es auch neue Freunde geben – Menschen, die Sie eher flüchtig kennen, die mit Ihnen mitfühlen, sei es aus persönlicher Zuneigung zu Ihnen, sei es aus eigener schmerzlicher Erfahrung. Sie haben immer ein offenes Ohr und bieten meist brauchbaren, handfesten Rat. Diese Beziehungen mögen nicht von dauerhafter Natur sein, aber sie können sehr wertvoll sein, ohne gleich ein Leben lang halten zu müssen.

- Pflegen Sie die Beziehungen zu wirklich guten Freunden, indem Sie Ihre Dankbarkeit ausdrücken und sich auch durch Gegenleistungen erkenntlich zeigen.
- Lassen Sie dahinwelkende Freundschaften möglichst ohne großes Bedauern oder langes Grübeln einschlafen.
- Öffnen Sie sich neuen Freundschaften, auch wenn sie vielleicht nur vorübergehender Natur sind.

Laurin, die sich nach elfjähriger Ehe scheiden ließ und keine Kinder hat, sagt: »Als ich meiner besten Freundin Grace mitteilte, daß Ted und ich uns trennten, war ich überrascht, wie gleichgültig sie die Neuigkeit aufnahm. Sie sagte, es täte ihr leid, das zu hören, und bot mir ihre Hilfe an. Aber ein echtes Mitgefühl spürte ich nicht bei ihr. Ich wollte das irgendwie nicht wahrhaben und rief sie wie immer an, um ihr mein Herz auszuschütten. Vergeblich – ich bekam nicht das von ihr, was ich brauchte. Sie versuchte, mir meine Gefühle auszureden, oder sie sagte: ›Weißt du, versetz dich doch mal in Teds Lage …‹ Das war nun wirklich das letzte, was ich in dieser Situation machen wollte! Ich weiß nicht genau, was sie an unserer Scheidung so störte, aber irgend etwas störte sie sehr. Nach einigen Monaten traf ich mich mit einigen Frauen aus einer Gruppe für Leute, die sich gerade von ihrem Partner getrennt hatten. Sie waren die idealen Weggenossen in meiner Situation. Unsere Erfahrungen waren unterschiedlich, aber unsere Probleme und Gefühle waren doch so ähnlich, daß wir einander helfen konnten. Und ich denke, die Ähnlichkeit in den Gegebenheiten war ein wichtiger Faktor in unserer Beziehung. Grace und ich stehen uns nicht mehr so nahe wie früher einmal, aber wir sind immer noch Freundinnen. Wir haben jetzt auch einen ganz unterschiedlichen Lebensstil. Das ist wohl der ganz natürliche Lauf der Dinge. Es ändert sich eben dauernd etwas im Leben. Das macht es ja auch so interessant!«

36
Etwas Gutes ist an jeder Sache

Es bleibt immer etwas Liebenswertes. Wer das nicht gelernt hat, hat nichts gelernt.
Lorraine Hansberry

Momentan sind Sie vollauf damit beschäftigt, mit all den Veränderungen in Ihrem Leben fertigzuwerden. Auch ist es nur natürlich, daß Sie sich selbst leid tun.

Das ganze Drum und Dran einer Scheidung nimmt Sie so sehr mit, daß Sie sich vielleicht völlig isoliert fühlen. Der Grund dafür ist aber Ihre eigene Gemütsverfassung, die Sie daran hindert, das wahrzunehmen, was

Ihnen Freunde, Familie oder sogar Bekannte bieten können. Sie machen sich wahrscheinlich all das, was Ihnen zur Verfügung steht, gar nicht recht zunutze.

Sehen Sie sich um. Es gibt sicherlich in Ihrem Bekannten- und Freundeskreis einige Leute, die in Ihrer Situation Gold wert sind, Menschen, die Ihnen zu verstehen geben wollen, daß Sie ihnen wichtig sind, daß sie sich um Sie sorgen, selbst wenn sie nicht ständig in Kontakt stehen.

Ist es nicht sehr tröstlich, von einer alten Schulfreundin einen Anruf zu bekommen, die gehört hat, was Sie gerade durchmachen? Ihr ist es ebenso ergangen, und sie kann Ihnen glaubhaft versichern, daß Sie gut darüber hinwegkommen werden. Sie müssen sich nicht mit ihr treffen, wenn Sie nicht wollen. Lassen Sie nur einfach zu, daß man Ihnen beruhigend die Hand auf die Schulter legt.

Macht Ihnen Ihre Arbeit Freude? Wunderbar! In letzter Zeit haben außerdem Ihre Kollegen auf rührende Weise versucht, Ihnen den Arbeitsalltag zu erleichtern. Danken Sie ihnen dafür.

Gefällt Ihnen Ihre Wohngegend? Na, das ist doch schon mal was.

Sie selbst können sehr viel tun. Packen Sie sich selbst am Schopf und machen Sie sich von dem Gefühl frei, ganz allein auf der Welt dazustehen. Registrieren Sie all die Gesten der Zuneigung und des guten Willens, all die kleinen und großen Erfolge Ihres Alltags. Vielleicht ist das nicht genug. Vielleicht ist es auch nicht das, was Sie wollen. Aber Sie sollten sie nicht unter den Tisch fallen lassen.

Stellen Sie eine Liste von all den Dingen in Ihrem Leben auf, die Sie gut finden. Wenn jemand nett zu Ihnen ist, wenn Sie sich erfolgreich oder glücklich fühlen – fügen Sie es Ihrer Liste zu. Und in Augenblicken, in denen Sie glauben, alles wäre in Ihrem Leben schiefgelaufen, holen Sie diese Liste hervor und lesen sie. Sie sehen, es sieht doch nicht alles so düster aus.

- Messen Sie dem, was in Ihrem Leben schiefgelaufen ist, nicht mehr Bedeutung bei, als dem, was gut läuft.
- Nehmen Sie sich die Zeit, alle guten Dinge, die Ihnen widerfahren, aufzuschreiben, um sie bei Bedarf immer wieder hervorzuholen und durchzulesen.
- Machen Sie es sich zur Gewohnheit, für alles, was Ihnen beschert wurde, dankbar zu sein, wenn Sie bemerken, daß Sie Selbstmitleid überkommt.

Brenda ist achtundvierzig. »Sowohl mein Mann als auch ich waren schon einmal verheiratet«, berichtet sie. »Wir haben einen gemeinsamen Sohn, und ich habe zwei Stiefsöhne, seine Kinder. Sie sind beide über einundzwanzig und leben in einer anderen Stadt. Sehr häufig, das habe ich auch schon von anderen Leuten gehört, können Stiefkinder und Stiefeltern überhaupt keine Beziehung zueinander aufbauen, weil die Kinder nicht sicher sind, warum die Ehe auseinanderging, ob du derjenige bist, der daran seinen Anteil hat, oder was eigentlich wirklich passiert ist. Ich persönlich habe eine sehr interessante Erfahrung gemacht. Es war Muttertag. Meine Stiefsöhne haben sich beide bei mir gemeldet. Der ältere schickte mir einen ausgesprochen liebevollen Brief, und der jüngere rief mich an, um mir zu sagen, daß ich ihm in gewisser Hinsicht ebensoviel bedeutete wie seine wirkliche Mutter. Ich war wirklich gerührt, hatte ich doch immer äußerste Bedenken, daß mein Sohn seine Brüder und ich diese neue Familie, die ich mit geschaffen hatte, verlieren würde und daß wir uns alle gegenseitig zerfleischen könnten. So ist es ganz und gar nicht gekommen. Momentan habe ich größere finanzielle Schwierigkeiten und stehe mit dem Vater der beiden gar nicht gut. Aber es ist wirklich ein gutes Gefühl zu wissen, daß ich den beiden jungen Männern etwas geben konnte. Ich bin sehr dankbar für die Gewißheit, daß wir einander nicht verloren haben.«

37
Seien Sie realistisch und kreativ in bezug auf Ihre Finanzen

Geld ist immer eine öde Sache, außer man hat keines.
Das ist dann sehr beunruhigend.
Sheila Bishop

Für jedes Geldproblem gibt es eine Lösung. Bei einigen braucht es mehr Kreativität als bei anderen.

Wenn Sie bislang Ihre finanziellen Angelegenheiten nicht selbst geregelt haben, dann machen Sie sich mit dem Gedanken vertraut, daß Sie das in Zukunft tun werden.

Sprechen Sie mit einem Menschen Ihres Vertrauens, der sich mit Geld auskennt. Das kann jemand aus der Familie sein, eine Freundin oder ein professioneller Finanz- oder Steuerberater. Nehmen Sie sich Zeit, Ihre finanzielle Situation zu durchdenken und Ihre Bedürfnisse und Möglichkeiten genau zu kalkulieren. Vergessen Sie dabei nicht langfristige Dinge wie Versorgung im Alter, Krankenversicherung und Ausgaben für Schulbildung. Vielleicht müssen Sie Ihren Lebensstil nicht grundlegend ändern, vielleicht steht Ihnen aber auch ein radikaler Umschwung ins Haus. Wie auch immer ihre Bedürfnisse sind, Sie *werden* sie befriedigen können, wenn Sie realistisch planen.

Sie haben manchmal das Gefühl, Sie wären auf dem besten Weg ins Obdachlosenheim? Schauen Sie sich die geschiedenen Frauen in Ihrem Umkreis an. Steht bei einer von ihnen der Gerichtsvollzieher vor der Tür? Plötzliche finanzielle Veränderungen können wirklich angst machen, aber man kann sie durchaus überleben.

Die schwerwiegendsten Fehler in finanziellen Angelegenheiten sind, den Tatsachen nicht ins Auge zu blicken oder sich zu weigern, die Verantwortung zu übernehmen. Die meisten Frauen haben nach ihrer Scheidung weniger Geld zur Verfügung als während ihrer Ehe. Sie müssen sich also zu Einsparungen entschließen und diese dann auch wirklich durchführen.

Natürlich können Sie die Sache auch von der anderen Seite angehen und versuchen, mehr Geld zu verdienen. Bürden Sie sich dabei nicht zuviel auf. Wenn es nicht unbedingt sein muß, sollten Sie sich nicht zu viele Nebenjobs zumuten, da Sie ja ohnehin schon nervlich angespannt sind. Haben Sie ein Zimmer zu vermieten? Können Sie die Ausgaben für Kinderbetreuung reduzieren und gleichzeitig Ihr Einkommen aufstocken, indem Sie die Miete reduzieren und als Gegenleistung einen Babysitter haben? Können Sie Ihre Garage vermieten?

Denken Sie in finanziellen Dingen immer langfristig. Ein Hinterhof-Flohmarkt ist eine Menge Arbeit, und Sie können nur einmal damit Geld verdienen. Doch sollten Sie sich überlegen, ob Sie Ihr Festgeld nicht lieber zur Verwirklichung Ihrer Geschäftsidee verwenden sollten, die Ihnen in Zukunft mehr finanzielle Stabilität bringen könnte. Lassen Sie Ihrer Phantasie freien Lauf.

- Verfallen Sie wegen finanzieller Angelegenheiten nicht in Panik. Nehmen Sie sich ihrer realistisch an.
- Trennen Sie unmittelbare Bedürfnisse von langfristigen Plänen. Lassen Sie sich nicht von momentanen Problemen zu unproduktiven, zeitlich begrenzten Lösungen drängen.
- Stellen Sie eine Prioritätenliste auf und planen Sie deren Durchführung.

»Als ich mich scheiden ließ«, erzählt Stephanie, 41, »folgten mir meine Probleme in die Stadt, in der man mir einen neuen, wunderbaren Job angeboten hatte. Ich war hoch verschuldet, als ich dorthin kam, aber die Bezah-

lung war weitaus besser und die Lebenshaltungskosten so viel niedriger, daß ich glaubte, alles würde sich von selbst regeln. In meiner Euphorie kleidete ich mich komplett neu ein und mietete ein riesiges, wunderschönes Haus für mich und meinen Sohn. Plötzlich war ich mit meinen Kreditkarten enorm im Minus, kam überhaupt nicht mehr aus den Miesen heraus, und als ich dann noch einen Unfall mit dem Auto baute, sah es finanziell ziemlich düster aus. Nach dem ersten Schock stellte ich einen Haushaltsplan auf, der vorsah, immer einen gewissen Betrag auf die Kreditkartenkonten zu überweisen, sobald die Rechnung kam, damit ich nicht versucht war, das Geld anderweitig auszugeben. Die Kreditkarten selbst deponierte ich in einem Safe nach dem Motto: Aus den Augen, aus dem Sinn. Da ich in einer Universitätsstadt lebe, war es ein leichtes, ein Zimmer mit Bad in meinem Haus zu vermieten. Das hat uns sehr geholfen, und ich hatte zusätzlich den Vorteil, einen weiteren erwachsenen Menschen im Haus zu haben, und jemanden, der auf das Haus aufpaßte, wenn ich beruflich unterwegs war. Es hat ein Jahr gedauert, aber jetzt bin ich aus den Schulden raus und habe einiges dazugelernt. Nun kann ich an meine Altersversorgung denken und für Kits Universitätsausbildung sparen. Die schlaflosen Nächte sind endgültig vorbei.«

38
Jeder ist seines Glückes Schmied

Helden gehen auf Wanderschaft, legen sich mit Drachen an und entdecken den Schatz ihres wahren Ichs.
Carol Pearson

Geschichten von Helden beginnen gewöhnlich mit Selbstzweifeln. Am Ende der Geschichte hat der Held durch Erfahrung gelernt, Zweifel durch Selbstvertrauen zu ersetzen.

Sie haben alles, was Sie für Ihr weiteres Leben brauchen. Niemand kann Ihnen etwas bieten, das Sie nicht schon haben. Sie müssen lediglich lernen, zu der Kraft, die in Ihnen steckt, Zugang zu finden.

Je mehr Sie Ihr Leben selbst in die Hand nehmen, desto mehr beweisen Sie sich selbst, wieviel Kraft Sie haben. Warten Sie nicht darauf, daß Ihnen irgend jemand aus der Patsche hilft. Wenn Sie sich immer wieder einreden, daß Sie nicht selbst für sich sorgen können, behindern Sie sich selbst darin, Ihr bestes Ich kennenzulernen. Und was noch schlimmer ist, Sie verstärken das Gefühl Ihrer eigenen Wertlosigkeit, anstatt sich selbst aus dem Sumpf herauszuziehen.

Sie wissen doch, wie man Probleme löst. Sie wissen doch, wie man Verantwortung trägt. Sie wissen doch, wie man mit Risiken lebt, wie man mit Katastrophen zurechtkommt, wie man in der Früh aufsteht und den Tag anpackt. Überlegen Sie doch nur, wieviel Sie schon in Ihrem Leben erreicht haben.

Sie möchten gerne jemanden, der Sie liebt und für Sie sorgt? Können Sie haben. Es wird um so eher passieren und um so besser funktionieren, wenn Sie lernen, sich selbst zu lieben und für sich selbst zu sorgen, noch bevor diese Person in Sicht ist. Wenn Sie jemand anderem die Rolle des Helden zueignen, werden Sie nie eine gleichwertige Partnerschaft erleben, nie die Freude erleben, wirklich unabhängig und frei von Angst zu sein.

Es macht viel mehr Spaß, die Heldin zu sein als das in Not geratene Mägdelein. Das ist eine Rolle, die Sie fröhlich und bis ans Ende Ihres Lebens spielen können.

- Haben Sie erst einmal gelernt, emotional für sich selbst zu sorgen, werden Sie diese Fähigkeit für immer besitzen.
- Selbstbewußtsein zu lernen ist die beste Vorbereitung auf gesunde Beziehungen mit anderen Menschen.
- Sie können auf die Dauer gesehen mehr für sich tun als irgend jemand sonst.

»Ich bin jetzt ein ganz anderer Mensch«, sagt Jean, 54, die sich vor fünfzehn Jahren scheiden ließ, als ihre vier Kinder noch alle zu Hause waren. »Niemand würde mich wiedererkennen. Ich bin richtig erwachsen geworden. Als ich mich zur Scheidung entschlossen hatte, wußte ich, was die Leute meinten, wenn sie sagten, Liebe allein genügt nicht. Mein Mann liebte mich, aber er konnte auch nicht aufhören, mir weh zu tun – körperlich weh zu tun. Ich habe auch verstanden, daß ich für mich selbst verantwortlich war. Während meiner Ehe war mir das nicht so klar. Ich wußte, wie man im materiellen *Bereich verantwortungsbewußt war – ich war die Älteste von sieben Geschwistern, also war ich immer sehr verantwortungsbewußt. Aber ich wußte nicht, wie ich emotional für mich zu sorgen hatte. Das habe ich gelernt, und auch, daß ich wirklich für mich selbst sorgen kann. Das ist gut zu wissen. Ich habe Seminare besucht und mir Vorträge angehört. Ich machte eine Therapie mit. Ich habe viel unternommen, um etwas über mich selbst zu erfahren, um zu lernen, wie man mit sich selbst umgeht, um nicht wieder nach jemandem Ausschau zu halten, der damit einverstanden wäre, für mich zu sorgen. Ich lern-*

te, was ich lernen wollte. Das ist dein Leben. Ich tue, was ich möchte und wann ich es möchte. Ganz ehrlich gesagt, brauche ich keinen Mann, der zu mir sagt: ›O Jean, du bist großartig, ich liebe dich, und ich finde, du bist wunderbar.‹ Ich kann das zu mir selbst sagen und mich dann mit diesem Mann amüsieren, anstatt darauf zu hoffen, daß er sagen wird, was ich unbedingt *hören möchte.«*

39
Unabhängigkeit macht Spaß

Willst du guten Service, bedien dich selbst.
Spanisches Sprichwort

Es ist nicht schwierig, unabhängig und selbständig zu sein. Es ist viel schwieriger, es nicht zu sein. Haben Sie sich erst einmal entschlossen, sich nicht auf jemand anderen verlassen zu wollen, und damit begonnen, Ihre eigenen Fähigkeiten und Talente zu erforschen und zu entdecken, werden Sie sie auch nicht mehr aufgeben wollen.

Wenn Sie Ihr Auto so gut kennen, daß Sie mit dem Mechaniker sprechen, als wüßten Sie, wovon Sie reden, dann werden Sie sich wohl kaum den gar nicht so segensreichen Zustand der Ignoranz zurückwünschen.

Wenn Sie Ihre finanziellen Angelegenheiten im Griff haben und Ihr gutes Händchen für gewinnbringende Geldanlagen entdeckt haben, warum sollten Sie dann jemals wieder jemand anderen damit betrauen?

Es ist ein gutes Gefühl, sich in einem Eisenwarenladen auszukennen, allein in Urlaub zu fahren, zu wissen, wo die Ersatzsicherungen sind.

Aus guten Gründen sollen sich in einer Ehe die Partner aufeinander verlassen können. Funktioniert die Ehe, ist alles bestens. Selbst Feministinnen dürfen sich Verantwortlichkeiten teilen. Findet sich niemand, der die Plackerei des Alltags mit einem teilt, fühlt man sich unter Umständen sehr verlassen und überlastet. Die beste Art und Weise, dieses Gefühl zu überwinden, ist, es als Gelegenheit zu sehen, etwas dazuzulernen.

Vielleicht stellt sich ja heraus, daß Sie mit dem Computer besser umzugehen verstehen als Ihr Ex-Mann, daß die Haushaltskasse immer stimmt, seit Sie sie führen, oder daß Sie Spaß daran haben, den Bäumen einen Verjüngungsschnitt zu verpassen. Und wenn Sie diese Tätigkeiten überhaupt nicht mögen, holen Sie sich professionelle Hilfe. Bieten Sie einer Freundin Ihre Hilfe als Gegenleistung an: Ich helfe dir mit der Steuererklärung, wenn du mir beim Abdichten der Badewanne hilfst. Erweitern Sie die Palette Ihrer Talente.

- Betrachten Sie die neuen Aufgaben, die Sie zu bewältigen haben, als Möglichkeiten der Erwachsenenbildung – gebührenfrei.
- Praktizieren Sie Ihre neuerworbenen Fähigkeiten und Kenntnisse mit Stolz.
- Sie müssen nicht alles selbst tun, aber das, was Sie für sich tun, sollen Sie gern tun.

»Es war ein allmählicher Übergang, als mein Mann und ich uns trennten«, sagt Sharon, 39. »Ich war im selben Haus geblieben, in dem Haus, in dem er die Küchenschränke selbst geschreinert hatte. Es war ›unser Haus‹. Es fiel mir unendlich schwer, ›mein Auto‹ oder ›das Auto‹ anstatt ›unser Auto‹ zu sagen. Gerade als ich gelernt hatte, ›mein Auto‹ zu sagen, baute ich einen Totalschaden. Damit war das erledigt. Aber dann kaufte ich mein eigenes Haus. Es war ungeheuer aufregend. Und als ich einzog, wurde mir klar, daß es ganz etwas anderes ist, in einem Haus zu leben, daß mir alleine gehörte. Ein völlig

neues Gefühl! Ich allein hatte eine Hypothek aufgenommen. Wir hatten vorher immer zur Miete gewohnt, also hatte Sam nie so etwas gemacht. Zusammen mit einer Freundin erledigte ich alle Malerarbeiten. Danach lernte ich alle möglichen Installateurarbeiten, bekam starke Muskeln vom Möbelrücken und ein Gefühl dafür, was ich schaffen konnte. Ich kaufte mir ganz alleine einen nagelneuen Wagen. Es war ein Alptraum. Ich bekam so viele Ratschläge, daß ich völlig verwirrt war. Aber Moment, ich hatte doch schließlich auch ein Haus gekauft, nicht wahr? Ich liebe mein Haus, und ich mähe sogar gerne den Rasen. Mein Mann hat immer mehr darüber gejammert, als es wirklich getan. Ich habe nur einen kleinen Garten, gerade so groß, daß mir die Arbeit nicht zuviel wird. Ich bin wirklich stolz auf mich. Ich allein habe das geschafft.«

40
Denken Sie daran: Eine Scheidung zu verdauen dauert Jahre, nicht Tage

Am Schmerz stirbt man nicht, es sei denn, man will es.
Wakako Yamauchi

Eine Scheidung ist heute fast etwas Alltägliches geworden. Die Art, wie man darüber spricht, wird dem langwierigen und komplizierten Prozeß, der damit verbunden ist, nicht gerecht. Wir sagen: »Sie haben sich scheiden lassen«, als handele es sich dabei nur um eine einfache juristische Formsache.

Aber selbst die juristische Seite einer Scheidung dauert länger, als die meisten Menschen glauben, gewöhnlich etwa zwei Jahre. Und je nach individuellem Fall und den damit verbundenen Verwicklungen kann der psychologische Vorgang einer Scheidung noch einige Jahre länger dauern. Für manche Menschen ist er leider nie zu Ende.

Die juristischen Voraussetzungen einer Scheidung zu forcieren heißt nicht unbedingt, den Schmerz einer Scheidung schneller hinter sich zu bringen. Im Gegenteil, oft kann eine überstürzte Abwicklung auf lange Sicht mehr Probleme nach sich ziehen, als sie in der Gegenwart löst.

Sie können das Abklingen des Schmerzes nicht beschleunigen. Sie können jedoch diese leidvolle Zeit dazu nutzen, sich bewußt zu machen, daß es bei einer Scheidung, wie bei jeder Art von Trauerarbeit, gewisse Stadien gibt. Und Sie können darauf achten, Ihre Wunden bewußt und sorgfältig zu heilen, um so die besten Voraussetzungen für eine positive Zukunft zu schaffen.

Es wird immer Zeiten geben, in denen Sie sich selbst bemitleiden, aber es führt zu nichts, an diesem Zustand festzuhalten. Nützen Sie diese Augenblicke der Selbstbeobachtung zu einer Bestandsaufnahme der Stärken und Schwächen Ihrer Ehe. Überlegen Sie, was Sie tun können, um die Stärken mitzunehmen und die Schwächen durch neue Stärken zu ersetzen.

Sie werden auch einfach geduldig sein und die Zeit arbeiten lassen müssen. Die Dinge verändern sich – auch wenn Sie es nicht wollen. Sie wollen sich einfach nur besser fühlen? Sie werden. Nur Geduld!

- Seien Sie besonders nett und geduldig zu sich, während die Zeit die Wunden der Scheidung heilt.
- Machen Sie sich klar, daß Sie so gut wie nichts dazu tun können, um diesen Prozeß zu beschleunigen.

– Gestehen Sie sich zu, Ihre Ehe zu betrauern, damit Sie dann den Kummer hinter sich lassen können.

Eleanor, 58, sagt: »Ich war dreiunddreißig Jahre verheiratet. Ich habe vier Kinder im Alter von neunundzwanzig bis fünfunddreißig und eine Enkelin. Ich wollte diese Ehe nicht beenden. Mein Mann wollte es. Und jetzt sehe ich auf einmal verschiedene Bereiche, in denen unsere Ehe schon eine geraume Zeit nicht richtig funktionierte. Wie auch immer, er verliebte sich ganz unsterblich in eine Frau, die seine Tochter sein könnte. Das machte die Sache irgendwie leichter für mich, weil ich mir sagen konnte, ich bin nun mal keine vierunddreißig Jahre mehr. Ich bin viel älter und habe überhaupt keine Chance, wenn es das ist, was er will. Zunächst war es verheerend, und ich glaubte, ich würde das nie überleben. Aber es ist erstaunlich, wie sich doch alles im Lauf der Zeit ändert – ich bin seit drei Jahren geschieden und lebe seit fünf Jahren getrennt. Ich weiß noch, daß mir die Leute damals sagten, ich solle nur abwarten, und ich darauf entgegnete, ich wolle das überhaupt nicht hören, mir ginge es hundeelend und ich würde das nie überleben. Inzwischen habe ich erkannt, daß dies der beste Rat überhaupt war, den man mir geben konnte: Laß die Zeit arbeiten, sei nicht zu hart zu dir und warte ab. Außerdem sagten die Leute noch, ich solle mir doch klarmachen, wie sehr ich an dieser Prozedur, an diesem Alptraum wachsen würde. Auch das wollte ich nicht hören. Aber wenn ich jetzt zurückdenke, dann bin ich wirklich daran gewachsen. Ich mag mich jetzt selbst viel viel lieber. Es hat fast alles gestimmt, was sie gesagt haben.«

41
Die Zukunft steht Ihnen offen

Ich kann nur aus eigener Erfahrung sprechen: Sinn und Zweck des Lebens ist zu wachsen.
Le Ly Hayslip

Sie können die Vergangenheit nicht neu schreiben. Aber die Zukunft. Ja, die Zukunft, sie gehört Ihnen ganz allein.

Es ist wichtig, nach vorne zu schauen, zu sehen, was vor Ihnen liegt. Die Zukunft liefert Ihnen in vielfacher Hinsicht mehr Möglichkeiten als während Ihrer Ehe. Selbst die besten Ehen setzen uns Grenzen, aus der einfachen Tatsache heraus, daß wir die Bedürfnisse und Wünsche eines anderen Menschen mit unseren eigenen koordinieren müssen.

Sie sind jetzt wieder auf sich selbst gestellt. Und das gibt Ihnen Freiraum für Träume. Was wollen Sie wirklich vom Leben? Wie würden Sie leben, wenn Sie dort leben könnten, wo Sie wollten? Das sind die Fragen, die Sie Ihren Plänen zugrunde legen sollten. Es gibt überhaupt keinen Grund, warum Sie an Ihrem alten Lebensmuster festhalten sollten. Vergessen Sie Einwände wie: »Ich kann doch nicht ...« oder »Aber ich habe doch immer ...«. Sie sind jetzt nicht weniger, als Sie vorher waren. Sie sind mehr. Das ist Ihr neues Leben. Sie können es so neu gestalten, wie Sie nur wollen.

Machen Sie eine Wunschliste von all den Dingen, die Ihr Leben beinhalten sollte. Lassen Sie Ihrer Phantasie freien Lauf. Verwerfen Sie eine Idee nicht, nur weil Sie ihnen unerreichbar erscheint. Wenn auf Ihrer Liste auch die ganz großen Träume mit drauf sind, dann beginnen Sie darüber nachzudenken, was Sie unternehmen müßten, um einige der wichtigsten auch wirklich in die Tat umzusetzen. Wollten Sie immer schon gerne in einem anderen Landesteil leben? Dann überlegen Sie doch einmal ganz konkret, was zu tun wäre, um diesen Traum zu verwirklichen. Ihr Traum wäre ein Segeltörn um die Virgin Islands? Holen Sie Erkundigungen ein, wie das zu bewerkstelligen wäre. Sie wollen Tai Chi lernen? Was hindert Sie daran? Rufen Sie die Handelskammer in der Stadt an, die Sie interessiert, rufen Sie eine Segelschule oder ein Tai Chi-Center an und bitten um Informationen. Heute. Das ist ein erster Schritt.

Wenn Sie Ihre Träume und Herzenswünsche ernst nehmen, können Sie an ihrer Planung genauso arbeiten wie an den täglichen drei Mahlzeiten. Diese stehen pünktlich wie die Uhr am Tisch, weil Sie sie für notwendig halten. Warum sollten Sie nicht auch einigen Ihrer Träume die gleiche Notwendigkeit zugestehen? Das Leben ist für die Lebenden da. Es liegt an Ihnen, sicherzustellen, daß Sie zu den Lebenden zählen.

- Betrachten Sie Ihre Träume als reale Möglichkeiten.
- Unternehmen Sie konkrete Schritte, um Ihre Träume zu verwirklichen.
- Zögern Sie nicht: Tun Sie jetzt sofort etwas. Und dann gehen Sie schrittweise so weiter.

Felicia, 36, war zehn Jahre verheiratet und hatte einen vierjährigen Sohn, als sie sich von ihrem Mann trennte. »Eine meiner besten Freundinnen lebt schon seit vielen Jahren in Oregon. Ich habe sie dort sehr oft besucht, und es gefiel mir außerordentlich, wie sie dort lebte. Ich liebe die Landschaft dort, das Wetter und die Offenheit der Menschen. Immer habe ich davon geträumt, wie wunderbar es wäre, dort zu wohnen. Aber es war einfach unrealistisch, weil Jim Arzt ist und in New Jersey eine gutgehende Praxis hat. Niemals hätten wir ans andere Ende des Kontinents ziehen können. Als wir uns trennten, dachte ich zuerst, ich müßte Gavins wegen in der Nähe seines Vaters bleiben. Aber ich war unglücklich dabei. Ich hatte noch so viele Jahre vor mir. Immer wieder malte ich mir aus, wie wunderbar es für uns beide drüben im Westen sein mußte. Es war ein Wunschtraum, der mir nicht aus dem Kopf ging. Ich rief einige Schulbehörden in den Gegenden, die mich interessierten, an und erkundigte mich nach offenen Stellen in der Sonderschulerziehung, meinem Spezialgebiet. Dann sprach ich mit Jim über meine Pläne. Zuerst war er strikt dagegen. Er hatte das Gefühl, ich wollte ihm Gavin wegnehmen. Aber wir arbeiteten im Bereich des elterlichen Sorgerechts ganz gut zusammen und fanden eine Lösung, die praktikabel erschien. Dann begab ich mich mit Volldampf auf Stellensuche und bekam tatsächlich einen Job, der so gut war, daß wir diesen Sprung wagen konnten. Noch nie in meinem Leben war ich so glücklich. Wir sind jetzt seit zwei Jahren hier, und alle meine Erwartungen haben sich erfüllt. Ich liebe meinen Beruf, und Gavin findet es toll, draußen herumtoben zu können. Es ist wunderbar. Sein Vater holt ihn zu sich, wenn es ein paar schulfreie Tage gibt, und Gavin verbringt auch einen Teil des Sommers bei ihm. Besser kann's nicht laufen.«

42
Meiden Sie Bitterkeit und den bitteren Nachgeschmack

Mit Essig übergoß er mich sein ganzes Leben lang; ich bin bestens mariniert. Und nun soll ich plötzlich Honig sein?

Tillie Olsen

Vielleicht kennen Sie eine Frau, deren Leben beendet schien, als ihre Ehe auseinanderbrach? Von Verbitterung zerfressen, bewegt sie sich auf dem schmalen Pfad zwischen dem, was einmal war, und dem, was nicht mehr ist. Das müßte sie nicht tun, und Sie müssen es auch nicht.

Es liegt in Ihrer Macht, daß Sie die Kontrolle über Ihre Einstellung haben. Und das ist sehr viel. Sie müssen allerdings erst verstehen lernen, wie Sie Ihre Einstellung unter Kontrolle halten können, welche Tricks bei Ihnen wirken, wenn Sie schlechte Laune haben oder wenn Sie wieder einmal in einem Sumpf von Selbstmitleid und Schuldzuweisung zu ersticken drohen. Keine Angst, das geht.

Auf lange Sicht gesehen, ist es egal, wer recht und wer unrecht hatte. Was geschehen ist, ist geschehen. Haken Sie es ab. Wenn Sie weiterhin nachgrübeln, warum man Ihnen dies oder jenes angetan hat, dann geben Sie diesen Ereignissen mehr Macht über Sie, als ihnen gebührt. Sie werden in der trostlosen Opferrolle bleiben, bis Sie sich selbst entschließen, da rauszuwollen.

Erst wenn Sie an diesem Punkt angelangt sind und nach vorne blicken, werden Sie wirklich Ihr Leben unter Kontrolle haben. Sie können nicht ändern, was passiert ist. Sie können Menschen nicht ändern. Sie können nur daran arbeiten, Ihre Einstellung zu verändern, sie so positiv wie möglich zu halten.

Vielleicht stellen Sie fest, daß Ihnen immer wieder die gleichen negativen Gedanken durch den Kopf schwirren, daß Sie sich dabei aber im Kreise drehen und keinen Schritt weiterkommen, sich vielmehr jeden Tag aufs neue krank machen. Dann sollten Sie Hilfe in Anspruch nehmen. Gehen Sie zu einer Beratung oder sehen Sie sich nach einer Selbsthilfegruppe um, wo Sie über diese Gefühle sprechen können und wo man Ihnen hilft, sie zu überwinden.

Es besteht ein großer Unterschied zwischen der Art von Selbstbetrachtung, die zu einer Problemlösung führt, und der, die immer nur die schlimmen Erinnerungen wieder aufwärmt, ohne eine Lösung aufzuzeigen. Seien Sie ehrlich mit sich selbst und achten Sie darauf, wohin Sie Ihre Gedanken wandern lassen.

- Lassen Sie keine Bitterkeit in Ihr Herz. Sie dominiert gern.
- Sie müssen mit sich selbst leben. Arbeiten Sie daran, daß es angenehm ist, mit Ihnen zu leben.
- Machen Sie sich den Unterschied klar zwischen dem Grübeln über ein Problem und dem Lösen eines Problems. Das eine ist unproduktiv, das andere hilft.

Edith, 53, sagt: »Mein Ex-Mann verließ mich wegen einer anderen Frau, eine von seinen Kolleginnen. Ich habe sie nie mehr gesehen, seit sie verheiratet sind, obgleich ich sie kenne und wußte, daß sie ein Verhältnis hatten. Manchmal habe ich meinen rachsüchtigen Tag und denke: Na gut. Ich hatte ihn die besten Jahre seines Lebens, jetzt, wo es mit ihm bergab geht, kann sie ihn haben, aber ich habe keinerlei Kontakt mit ihr. Ich weiß nicht, wie es sein wird, wenn eines meiner Kinder heiratet und seinen Vater mit Frau einlädt. Wahrscheinlich steigere ich mich da in etwas hinein. Ich hoffe, es wird sehr viel leichter, als ich mir das jetzt vorstellen kann. Die

Zeit heilt viele Wunden, so viel habe ich schon gelernt. Zuerst habe ich meinem Mann den Tod gewünscht. Er wußte das auch und war sehr schuldbewußt. Ich überwand meine Bitterkeit, indem ich mich auf meine Seite der Dinge konzentrierte. Als er von mir fortging, hatte ich das Gefühl, er machte den Fehler seines Lebens. Wie konnte dieses Schwein mir nur so etwas antun? Wir waren achtundzwanzig Jahre verheiratet gewesen. Natürlich gab es Höhen und Tiefen in unserer Ehe, aber wir fanden beide, wir hätten schöne Zeiten miteinander gehabt. Nach und nach begann ich, mich mit meiner Seite der Gleichung zu befassen. Und fand heraus, daß ich durchaus meinen Teil dazu beigetragen hatte, warum er unglücklich war. Ich bin deswegen noch immer in Therapie. Wir haben nie miteinander geredet. Wir haben nie über unsere Gefühle gesprochen, wenn einer von uns etwas tat, was der andere nicht mochte. Wir fraßen es in uns hinein und hofften, es würde vergehen. Ich glaube, wir haben beide gleichermaßen zu der Situation beigetragen. Nachdem mir das in der Therapie klargeworden war und sich mein Leben zu meiner Zufriedenheit neu eingespielt hatte, ist es mir nicht mehr so wichtig, was er getan hat. Ich bin mehr daran interessiert, was ich jetzt tun werde und was demnächst.«

43
Stellen Sie Anforderungen an Ihr neues Leben

Die Revolution beginnt zu Hause.
Cherríe Moraga und Gloria Anzaldùa

Sie müssen sich nicht mit allem abfinden. Sie müssen nicht für alle Zeiten einen Job machen, der Ihnen nicht gefällt, Sie müssen Ihre Zeit nicht mit Leuten verbringen, die Sie nicht mögen, und Sie müssen nicht mehr als Ihren Anteil an Verantwortung tragen. Sie müssen nicht einmal mit einer häßlichen Wohnzimmercouch leben.

Das Leben, das vor Ihnen liegt, bietet Ihnen wahrscheinlich viel mehr Flexibilität, als Sie sich träumen lassen. Hätten Sie gerne neue Freunde? Dann sollten Sie nicht zu Hause in Ihrem Kämmerlein sitzen und Ausreden finden wie: »Jetzt ist dafür nicht die richtige Zeit. Ich habe momentan zu viele Probleme und zu viel Arbeit.« Gehen Sie unter Menschen. Nehmen Sie sich die Zeit, wenn Ihnen das wichtig ist. Dann werden sich auch die Probleme leichter anpacken lassen, und die Arbeit wird Ihnen nicht mehr so schwerfallen.

Wenn Sie wollen, daß das Leben gut zu Ihnen ist, dann müssen Sie sich das Leben schaffen, das Sie wollen. Je mehr Sie sich dem Leben stellen, anstatt mit eingezogenem Kopf auf den nächsten Schlag zu warten, um so besser werden Sie sich fühlen. In jeder Hinsicht.

Machen Sie keine halben Sachen. Essen Sie, was Sie gerne mögen, treffen Sie sich mit lieben Freunden, lesen Sie Bücher, die Ihnen gefallen, sehen Sie sich Filme an, die schon lange auf Ihrer Wunschliste standen. Trennen Sie sich von der häßlichen Wohnzimmercouch oder gönnen Sie ihr zumindest einen wunderschönen Überwurf. Sie können gut zu sich sein, ohne dabei viel Geld ausgeben zu müssen. Und geben Sie sich nicht mit Minderwertigem ab. Wenn Sie weiterhin die drückenden Schuhe tragen, nur weil sie fast neu sind und viel Geld gekostet haben, dann werden Sie für Ihre Schmerzen nichts weiter als wehe Füße bekommen.

Sie haben Anrecht auf ein gutes Leben mit möglichst wenigen schmerzlichen Erfahrungen. Das Leben muß Ihnen zurückgeben, was Sie dem Leben zu geben gewillt sind. Wenn Sie einen besseren Job haben möchten, konzentrieren Sie Ihre Bemühungen darauf, einen zu finden, anstatt immer nur davon zu träumen. Nur so werden Sie ihn bekommen. Es ist eigentlich ganz logisch. Jeder nicht getätigte Telefonanruf ist ein nicht getätigter Telefonanruf. Jeder getätigte Anruf ist eine mögliche Gelegenheit mehr, Ihrem Leben die Richtung zu geben, die Sie sich erwünschen. Erweisen Sie sich selbst Achtung, indem Sie Anspruch auf ein gutes Leben für sich selbst stellen, und unternehmen Sie etwas, um dieses Ziel auch zu erreichen.

- Verlangen Sie von sich und von Ihrem neuen Leben nicht zuwenig.
- Nur Sie selbst bestimmen Ihr zukünftiges Leben.
- Und es stimmt doch: Wo ein Wille ist, ist auch ein Weg.

»Ich mag eigentlich gar nicht mehr daran denken, wie drastisch sich meine Lebensumstände veränderten, als ich mich scheiden ließ.« Nancy, 46, schüttelt den Kopf. »Ich hatte mich nie um finanzielle Dinge gekümmert, nie überlegen müssen, wo ich leben oder was ich anziehen wollte und wo wir unseren Urlaub verbringen würden. Plötzlich war alles anders. Ich durchlebte alle Phasen, die der Verlust einer Lebensstruktur mit sich bringt – Wut, Angst, Depression. Immer wieder erzählte man mir, ich müßte eben jetzt Zugeständnisse machen, müßte realistisch und sehr vorsichtig sein und könnte nicht die glei-

chen Dinge wie früher erwarten. Das machte mich noch wütender. Noch depressiver. Aber ich hatte einen Freund, der mir immer wieder sagte, ich könnte alles haben, wenn ich es nur wirklich wollte. Zuerst verstand ich überhaupt nicht, was er meinte. Wie kann man Champagner trinken, wenn das Haushaltsgeld nur für Bier reicht? Ich brauchte einige Zeit, bis mir klar wurde, man kann – wenn auch nicht jeden Tag. Dann begann ich zu überlegen, wie ich an die Dinge kommen könnte, die ich haben wollte. Natürlich sieht das alles anders aus als früher, aber es ist in mancher Hinsicht hübscher und auch viel mehr auf meine Bedürfnisse zugeschnitten, aus dem einfachen Grund, weil ich es wohlüberlegt ausgesucht habe und mich nicht an irgendwelche Konventionen gehalten habe. Ich bin in eine Gegend gezogen, an die ich früher nie gedacht hätte, und mir gefällt es hier sehr gut. Die Leute sind freundlich, und es gibt so schöne Bäume hier. Mein Haus ist nichts Großartiges, aber ich habe es mir ganz nach meinen Wünschen hergerichtet. Die Farben sind meine Farben. Dabei habe ich auch gleich herausgefunden, was mir gefällt und was nicht. Und ganz ehrlich, ich bin stolz darauf, daß ich das alles nur für mich gemacht habe.«

44
Sehen Sie den Tatsachen ins Auge: Es gibt keine hundertprozentige Sicherheit

Paradoxerweise gibt es echte Sicherheit nur in Wachstum, Reform und Veränderung.
Anne Morrow Lindbergh

Eines der menschlichen Grundbedürfnisse ist das Streben nach Schutz und Sicherheit für uns selbst und die Vorsicht gegenüber Risiken. Ihre Ehe mag Ihnen eine Zeitlang ein Gefühl der Sicherheit gegeben haben. Wie können Sie sich jetzt, da sie nicht mehr besteht, noch sicher und beschützt fühlen?

Es ist schockierend und erschreckend, plötzlich den sicheren Boden unter den Füßen zu verlieren. Manche Menschen reagieren darauf mit panischen Versuchen, daran festzuhalten oder sich sofort neuen Halt zu suchen. Aber machen wir uns nichts vor: Es gibt keine echte Sicherheit. Schon allein das Leben auf dem Planeten Erde, von dem ganze Völker über Nacht verschwinden können, ist dafür der beste Beweis.

Das Gefühl von Sicherheit ist wirklich nur ein Gefühl. Es hat mit Sicherheit an sich nichts zu tun. Anstatt zu versuchen, sich an Symbolen der Sicherheit festzuklammern, können Sie viel mehr *echte* Sicherheit gewinnen, indem sie lernen, flexibel zu sein und nicht so sehr abhängig davon zu sein, daß alles beim alten bleibt. Wenn Sie an Veränderungen interessiert sind, also wirklich interessiert, anstatt sich nur davor zu fürchten, werden Sie allem, was immer auf Sie zukommt, viel gelassener entgegenblicken, als wenn Sie immer nur daran denken, zu mauern.

Denken Sie an die Geschichte von den drei kleinen Schweinchen. Ein Schweinchen baute sich naiverweise ein Haus aus Stroh, das der große böse Wolf mit einem Atemzug umblies. Das nächste Schweinchen verwendete Holzstangen, aber auch die waren leicht zu zerstören. Das ganz schlaue Schweinchen baute sich ein Haus aus Ziegelsteinen. Ein ganz sicherer Unterschlupf, oder etwa nicht? Nun, der Wolf konnte dieses Haus vielleicht nicht umblasen, eindringen jedoch war kein Problem. Was die Schweinchen wirklich rettete, war ihr Einfallsreichtum: Als der Wolf durch den Kamin herunterkam, wartete ein Kessel kochendes Wasser auf ihn.

Das Gefühl der Unsicherheit kann Sie durchaus positiv motivieren, etwas zu riskieren, etwas in Angriff zu nehmen, was Sie sonst nie gemacht hätten. Die Notwendigkeit, mehr Geld zu verdienen, verhilft Ihnen vielleicht zu einem besseren Job oder einer vielversprechenden Geschäftsanbahnung. Das Bedürfnis, stärkere gesellschaftliche Verbindungen zu haben, bringt Ihnen wunderbare neue Freunde ein. Sie werden Fähigkeiten und Talente an sich entdecken, von denen Sie nichts gewußt haben, ehe nicht die Herausforderung da war.

Was brauchen Sie wirklich, um sich sicher zu fühlen? Je mehr man hat, um so mehr macht man sich Sorgen, was wäre, wenn man es verlöre. Manche Menschen stehen materiell besser da. Sicherlich verbessert Geld auch die Lebensqualität, aber Menschen, die mehr Geld haben als Sie, haben damit nicht automatisch mehr Sicherheit. Wenn Sie Ihre eigenen Fähigkeiten dazu einsetzen, mit dem zurechtzukommen, was Sie haben, dabei aber weiterhin an der Zukunft interessiert bleiben, haben Sie unter Umständen schon alles, was Sie brauchen.

- Sicherheit ist eine Illusion.
- Ihre Talente, Fähigkeiten und vor allem Ihre Flexibilität und Ihr Glaube an sich selbst sind ein unschätzbares Kapital.

- Ohne Netz zu arbeiten kann Sie zu Höchstleistungen anspornen.

Die Computerberaterin Justine ist sechsunddreißig Jahre alt und war elf Jahre verheiratet. »Wäre mein Ex-Mann damals zu mir gekommen und hätte gesagt: ›Sieh mal, das Haus gehört dir, und du bekommst so viel ...‹ hätte ich gesagt: ›Auf Wiedersehen!‹ Ich glaube, die meisten mit einer Scheidung verbundenen Seelenqualen entstehen durch das Gefühl, finanziell so verwundbar zu sein und sich so unsicher zu fühlen. Dabei verdiente ich eigentlich genug Geld für mich und meine Tochter. Aber ich bin selbständig, und da gibt es natürlich wenig Sicherheit. Was ist, wenn ich morgen einen Autounfall habe und nicht mehr arbeiten kann? Das macht schon angst. Ich habe ihr entgegengewirkt, indem ich mir gesagt habe: ›Also, bis jetzt ist nichts wirklich Schlimmes passiert.‹ Und das stimmt auch. Zweitens versuche ich mich abzusichern, indem ich eine sehr gute Kranken- und Arbeitsunfähigkeitsversicherung abgeschlossen habe. Außerdem lege ich etwas auf die hohe Kante, damit ich auch überleben kann, wenn ich einmal sechs Monate keinen Auftrag bekomme. Und dann arbeite ich ständig daran, mich selbst ins Geschäft und mehr Aufträge nach Hause zu bringen. Wie sagt man doch von der Verkäuferin, der der Magen knurrt – sie ist diejenige, die die Ware an den Mann bringt. Wenn ich mich umschaue, sehe ich niemanden, der wirklich sicher ist. Die Frau im Nebenhaus, deren Ehemann dazu verdonnert worden ist, ihr sechzigtausend Dollar im Jahr zu zahlen, weil sie eine ›unfreiwillige Hausfrau‹ ist, hat auch nicht mehr Sicherheit als ich. Was ist, wenn ihr Ex-Mann stirbt, seinen Job verliert oder einfach keine Schecks mehr schickt? Was noch schlimmer ist, sie hat keinerlei Berufserfahrung. Worauf könnte sie sich stützen? Jeder *hat diese Bedenken. Nicht nur Sie. Nicht nur ich. Wenn Sie also die Wahl haben, die Lage optimistisch zu sehen, warum wollen Sie sie dann pessimistisch sehen?«*

45
Klare Fronten – je früher, desto besser

Ich will hier und heute leben. Es ist schmerzvoll, sich zweier Welten bewußt sein zu müssen.
Mary Antin

Selbst nachdem alle juristischen Fragen der Scheidung geklärt sind, bleiben meist noch einige Kleinigkeiten zurück, die zwischen den Ex-Partnern ausgehandelt werden müssen. Vielleicht haben Sie noch Möbel oder Photographien, die aufgeteilt werden müssen, oder irgendwelche anderen Dinge, die Ihnen gemeinsam gehören. Oder Sie haben sich noch nicht geeinigt, mit wem die Kinder wieviel Zeit und wo sie die diversen Ferien verbringen werden. Manchmal bleiben auch noch wesentlichere Dinge ungelöst, weil es einfach zu schwierig war, zu einem endgültigen Schluß zu kommen.

Dazu ist zu sagen, daß es für alle Beteiligten besser ist, zum Zeitpunkt der Scheidung soviel wie möglich unter Dach und Fach zu haben. Wenn es für Sie schmerzlich ist, das Familienalbum anzusehen und zu entscheiden, wer was bekommt, dann wird es das auch immer bleiben. Und Sie werden sich selbst scheuen, die Schachtel mit den Photos auch nur zu öffnen. Was so aussieht, als würden Sie den Schmerz vermeiden, läßt in Wirklichkeit den Schmerz in kleinen Dosen immer wieder aufflammen.

Je mehr Sie und Ihr Ex-Partner sich dann Ihrem neuen Leben widmen, um so weniger werden Sie auch Lust haben, sich um die Trümmer Ihres ehemaligen Lebens zu kümmern. Anstatt diese wunden Punkte immer weiter mitzuschleppen, sollten Sie versuchen, die Dinge zu klären, solange Ihnen beiden die Zusammenhänge noch klar sind.

Offengebliebene Fragen sind nicht ohne Grund offengeblieben. Sie sind Teil Ihrer Vergangenheit. Manchmal bleiben sie offen, weil die Betroffenen nicht so recht wahrhaben wollen, daß dieser Zeitabschnitt endgültig vorbei ist. Sie sollten sich jedoch vor Augen halten, daß eine viel bessere Basis für positive Erinnerungen geschaffen ist, wenn diese Dinge erst einmal geregelt sind. Von da an können Sie auch eine neue, andere Beziehung zu Ihrem Ex-Mann aufbauen.

- Überlegen Sie sich gut, was Sie noch offenlassen wollen. Wie schnell kann es zu einem Abschluß gebracht werden?
- Ungelöste Probleme können den Heilungsprozeß bei allen Beteiligten hinauszögern.
- Sie schaffen sich eine bessere Ausgangsposition für eine machbare Zusammenarbeit mit Ihrem Ex-Mann, wenn die Fronten zwischen Ihnen möglichst klar sind.

»Mein Ex-Mann und ich hatten zusammen ein kleines Häuschen am Strand«, erzählte Mary Alice, 49. »Und er wollte, daß wir es behalten und abwechselnd nutzen. Es ist ein unheimlich romantisches Fleckchen Erde, wissen Sie. Die ganze Nacht hört man das Rauschen des Meeres. Ich könnte dort nie mehr auch nur ein Auge zutun, wenn ich wüßte, er hat da mit jemand anderem geschlafen. Ich würde auch nie mit meinem jetzigen Ehemann hinfahren. Aber das war keine so schwere Entscheidung. Ich dachte mir einfach: ›Vergiß es.‹ Aber es gab andere, schwierigere Bereiche. Wir hatten für die Schulbildung unserer Tochter zusammen etwas auf die hohe Kante gelegt und immer abgesprochen, wie das Geld am besten anzulegen sei. Irgendwann wurde mir klar, daß es besser wäre, separat weiterzusparen. An der gemeinsamen Finanzierung der Studienkosten änderte sich dadurch

natürlich nichts. Und dann gab es so bestimmte Unternehmungen, die wir immer gemeinsam mit Freunden gemacht hatten. Zuerst diskutierten wir ewig darüber – wer diesmal dran wäre mitzumachen und wer nicht. Das war sehr unangenehm, wurde aber besser, als wir nach und nach andere, eigenständige Pläne hatten und sich diese Diskussionen erübrigten. Lange Zeit brachten wir es einfach nicht fertig, beide bei diesen Unternehmungen mitzumachen. Ich habe festgestellt, daß sich dieser Seelenfrieden erst mit klaren Trennungslinien und einer gewissen Endgültigkeit einstellt. Dazu gehört, daß man die Sache irgendwie innerlich abgehakt hat. Man kann einfach nicht das ehemalige Leben mit dem neuen mischen. Und wenn man erst einmal ein wirklich neues Leben angefangen hat, wird man das auch gar nicht mehr wollen.«

46
Erst wägen, dann wagen

Das Reale ist die einzige Grundlage des Idealen.
Grace Aguilar

Der Wunsch nach einem Partner ist bei allen Lebewesen eine natürliche Sache. Menschen wollen lieben und geliebt werden, wollen jemanden haben, mit dem sie die Erfahrungen des Tages und der Nacht teilen können.

Es ist nicht nur dieses Gefühl der Liebe, das verlorengeht, wenn sich Menschen scheiden lassen, sondern auch die Struktur eines gemeinsamen Lebens. In mancher Hinsicht fehlt Ihnen diese Struktur unter Umständen mehr als die Person, die dazu beigetragen hat, sie zu schaffen, mehr als das Gefühl zu lieben.

Durch Ihr Single-Dasein fühlen Sie sich vielleicht bloßgestellt, verletzlich und unsicher, wie Sie sich in der Welt allein bewegen sollen. Einige Frauen ziehen sich eine Zeitlang von der Außenwelt zurück und legen ihr gesellschaftliches Leben erst einmal auf Eis. Andere schwärmen sofort aus, um jemand kennenzulernen und das Gefühl, daß »etwas fehlt«, zu überwinden.

Auch wenn Sie schnell eine neue Verbindung eingehen möchten, tun Sie gut daran, dieses Vorhaben mit Bedacht anzugehen. Sicherlich würden Sie auch nicht das erstbeste Haus kaufen, das Sie besichtigen, also warum wollen Sie den erstbesten Partner nehmen?

Zeiten des Übergangs können große Angst machen, weil alles so ungewiß ist. Es kann auch angst machen, allein zu sein. Stellen Sie sich diesen Ängsten. Das ist besser, als sie wegzuwünschen, indem man sich an jemand Neuen klammert.

In dieser Übergangszeit erfahren Sie eine Menge über sich selbst. Und das ist eine wesentliche Grundlage für Ihr zukünftiges Leben. Beschäftigen Sie sich ausgiebig mit Ihren eigenen Vorlieben und Abneigungen, Ihren Wünschen und Plänen für die Zukunft. Erst dann können Sie sie mit denen eines anderen Menschen abstimmen.

Wenn Sie wirklich nicht gerne allein sind, dann müssen Sie es auch nicht sein. Wann immer Sie sich dazu bereit fühlen, sehen Sie sich nach einem Partner oder Gefährten – oder auch nach mehreren – um. Nur sollten Sie nicht zu früh oder zu voreilig Versprechungen machen. Bemühen Sie sich, die Sache geruhsam und gelassen anzugehen.

- Ergründen Sie erst, was Sie von einer neuen Beziehung erwarten, ehe Sie sich festlegen.
- Warum Kompromisse? Sie *können* wirklich haben, was Sie wollen.

- Wenn Sie Ihr eigenes Leben gelassen und entspannt sehen, haben Sie eine bessere Chance, eine gute, neue, langfristige Beziehung aufzubauen.

»Ich habe herausgefunden, daß ich ganz gut allein leben kann«, berichtet Liz, 52. »Als ich nach Virginia zurückkam, nachdem mein Mann mich um die Scheidung gebeten hatte, habe ich in einem Verein für Alleinerziehende sofort jemanden kennengelernt und bin mit ihm über ein Jahr ausgegangen. Und immer wieder habe ich mir gesagt: ›Wäre es nicht wunderbar, wenn ich mich in ihn verliebte. Das würde mein Problem lösen: Ich müßte nicht mehr allein leben.‹ Nach etwa einem oder eineinhalb Jahren wurde mir klar, daß das nicht die Lösung war. Ich wollte lieber alleine leben als mit jemandem, der sich eher als Notlösung herausstellte. Hätten wir geheiratet, wäre das nicht lange gutgegangen. Ich bin im Lauf der Zeit anspruchsvoller geworden. Meine Zeit ist mir wertvoll. Während meiner College-Zeit ging ich mit jedem Mann aus, der mir auch nur annähernd interessant erschien. Jetzt verbringe ich die Zeit lieber mit Freunden oder zu Hause mit einem Buch, als mit jemandem auszugehen, nur weil er männlichen Geschlechts ist. Viele Dinge kann ich genausogut allein machen. Auch ins Kino gehe ich allein – und es gefällt mir. Und es fehlt mir auch nicht an Freunden männlichen Geschlechts, Gott sei Dank!«

47
Erinnern Sie sich an das Gute

Erinnerungen umhüllen mich wie Baumrinde, die an einem neuen Kanu allmählich antrocknet.
Mary TallMountain

Das Leben ist ein Prozeß des Werdens. Kein Mensch ist ein fertiges Produkt, zu keiner Zeit seines Lebens. Wir verlieren wichtige Teile unseres Selbst, wenn wir versuchen, irgendeinen Zeitabschnitt aus unserem Bewußtsein zu streichen.

Nach einer schmerzlichen Scheidung ist es nur natürlich, sich all die quälenden Gedanken an die Vergangenheit wegzuwünschen. Um wieviel einfacher wäre es, einen unbelasteten Neubeginn zu wagen!

Niemand muß ewig in seiner Vergangenheit gefangen sein. Doch Sie müssen sich mit ihr auseinandersetzen, müssen das herausfiltern, was erinnerungswürdig ist. Ansonsten werden Sie einen viel größeren Verlust als nötig erleiden.

Ihre Ehe war ein wichtiger Abschnitt in Ihrem Leben. Sicherlich begann sie mit Hoffnung auf eine vielversprechende Zukunft. Und es gab viele glückliche Momente. Das ist es, was Sie in Erinnerung behalten sollen, egal, was immer auch folgte. Diese guten Erinnerungen müssen Sie pflegen, damit sie nicht von traurigen, schmerzlichen Gedanken überlagert werden.

Manchmal wird uns eingeredet, wir könnten nur lernen und wachsen, wenn wir unsere Fehler und Traumata genau analysieren. Aber Sie können Ihre Vergangenheit für sich arbeiten lassen, indem Sie die Erinnerungen in den Vordergrund plazieren, die Ihnen moralische Unterstützung für das Leben bieten, das vor Ihnen liegt. Die anderen, die Sie mit Wehmut und Schmerz erfüllen, bleiben im Hintergrund.

Ihre persönliche Geschichte ist logischerweise mehr als alles andere Teil Ihres Lebens. Sie ist voller Dinge, die den Beweis dafür liefern, wie weit Sie gekommen sind, wieviel Sie geleistet haben, wie gut es Ihnen gegangen ist. Nur suchen müssen Sie danach. Und das sollten Sie wirklich tun. Warum wollen Sie einer ganzen Geschichte den Rücken zudrehen, nur weil einige Teilbereiche unglücklich waren?

- Erhalten Sie sich die guten Erinnerungen. Sie gehören Ihnen ganz allein.
- Man kann genausoviel aus Dingen, die gut gelaufen sind, lernen, wie aus denen, die schiefgelaufen sind.
- Halten Sie sich an das Positive in Ihrem Leben. Dadurch schaffen Sie sich mehr davon.

Rosanne, 57, sagt: »Ich war so lange verheiratet und möchte diese Jahre eigentlich auch nicht missen. Ich will schließlich nicht denken, es wären siebenundzwanzig verlorene Jahre gewesen. Meine Kinder haben es ziemlich schwer mit ihrem Vater. Durch die Scheidung ist er von seinem Podest gestürzt. Ich verhalf meiner Tochter zu einer besseren Beziehung zu ihm, als sie zu mir kam und sagte, er wäre ihr so fremd geworden. Ich riet ihr, sie solle ihm eine Kassette von der Musik schicken, die ihr in letzter Zeit gefiel, weil er dafür Verständnis hätte und sich dazu äußern könnte. Sie liebt Jazz und er auch. Zuerst fragte ich mich, warum ich mich überhaupt engagierte, aber dann dachte ich, warum eigentlich nicht? Er ist schließlich in vielfacher Hinsicht ein sehr liebenswerter Mensch, und daran will ich mich immer erinnern. Man muß ja nicht gleich alles auf den Müll werfen, die guten Dinge kann man ruhig behalten. Während unserer Ehe lebte ich ganz in seiner Welt. Und dort habe ich viel Neues dazugewonnen und gelernt. Ich wuchs in der Welt der Oper und der klassischen Musik auf, er mit Jazz und

Folksongs – ein für mich völlig unbekanntes Terrain. Dadurch wurde mein Leben wirklich bereichert. Warum sollte ich das leugnen? Schließlich sind das die Dinge, die meine Ehe siebenundzwanzig Jahre währen ließen. Und ich denke gar nicht daran, das einfach wegzuleugnen.«

48
Die Stärken Ihres neuen Ich – das beste Startkapital für Ihre Zukunft

Ich verändere mich, ich verändere die Welt.
Gloria Anzaldùa

Was haben Sie aus Ihrer Scheidung gelernt? Sehr viel wahrscheinlich. Und es wird noch mehr werden.

Noch während Sie in dieser Feuerprobe zu kämpfen haben, werden Sie feststellen, daß Sie eine andere Frau geworden sind. Sie wissen mehr als vorher über das Leben, mehr über sich selbst, mehr über Ihre Stärken und Schwächen, über Ihre Vorlieben und Abneigungen. Selbst wenn Sie all das eigentlich gar nicht lernen wollten, sollten Sie froh darüber sein, zumindest irgendeinen Ausgleich für Ihren Kummer zu haben.

Achten Sie einmal darauf, was sich alles an neuen Werkzeugen in Ihrem Werkzeugkasten eingefunden hat. Auf welche Weise sind Sie klüger geworden? Verlangen Sie mehr von sich und vom Leben? Welche Fallgruben haben Sie zu umgehen gelernt, indem Sie sie erkennen?

Vielleicht haben Sie immer geglaubt, Sie könnten

nicht allein leben. Jetzt wissen Sie, Sie können es sehr wohl. Vielleicht hatten Sie Angst davor, Ihre Finanzen selbst zu regeln, mit einem Autohändler zu verhandeln oder sich nach einen besseren Job umzuschauen? Jetzt haben Sie dies alles gemacht und wissen, Sie können es.

Die Erfahrung ist ein großartiger Lehrmeister. Jeder, der eine Scheidung durchgemacht hat, fühlt sich nicht nur älter, sondern auch weiser. Diese Weisheit muß keineswegs bewirken, daß Sie in Zukunft jegliches Risiko scheuen. Ganz im Gegenteil – Sie werden sich besser gewappnet fühlen und sich Wagnissen stellen, die Sie sich früher nicht zugetraut hätten.

Ihr Selbstvertrauen mag wohl durch die Scheidung gelitten haben, in anderer Hinsicht ist es sicherlich gewachsen. Und das wird es weiterhin tun, wenn Sie selbst davon überzeugt sind, daß Sie stark sind, stärker als je zuvor, und fähig, das Gelernte nach Ihren Wünschen in ein neues Leben einzubringen.

- Beglückwünschen Sie sich zu allem, was Sie gelernt haben.
- Denken Sie darüber nach, wie diese neuen Kenntnisse von jetzt an für Sie arbeiten sollen.
- Setzen Sie die Meßlatte Ihrer Erwartungen von sich selbst hoch an.

»Nach fünfzehn Jahren Ehe war ich praktisch auf dem Nullpunkt«, erzählt Sharon, 46. »Aus dieser Ehe herauszukommen lehrte mich eine Menge über Selbstachtung. Ich lernte, auf mich selbst zu achten, indem ich einfach nicht mehr alles laufenließ. Ich war ein Mensch, der sich alles gefallen ließ. Wenn mein Mann mich wirklich verletzte, tat ich so, als ob mir das nichts ausmachte. Ich dachte immer, er würde mich verlassen und mich nicht mehr lieben, wenn ich protestierte. Das dachte ich auch von anderen Menschen. Eigentlich habe ich den Menschen meines Umfelds gewiß keinen Gefallen getan, indem ich ihre Gefühle mir gegenüber so gering einge-

schätzt habe. Früher habe ich gedacht, was für eine schreckliche Person ich doch sei und daß ich mich grundlegend ändern und das tun werde, was er möchte. Das ist jetzt anders, nämlich so: Das bin ich. Nimm mich, wie ich bin. Meine jetzige Ehe ist vollkommen anders. Ich bin lange Zeit nicht Auto gefahren. Ich hatte seit meiner Geburt eine einseitige Gehirnlähmung, und meine Familie war immer davon ausgegangen, daß ich deshalb nicht Auto fahren konnte. Während der ganzen Zeit meiner ersten Ehe saß ich nie hinter dem Steuer. Ich hatte Angst davor. Mel, mein jetziger Ehemann, wollte nicht, daß ich in dieser Hinsicht so abhängig von ihm bin. Gleich als wir uns kennenlernten, bestand er darauf, daß ich fahren lernte. Er war mir damals schon sehr wichtig, aber obwohl ich selbst schon daran gedacht hatte, Auto fahren zu lernen, sagte ich zu ihm: ›Hör zu, ich werde nie fahren. Niemals. Das paßt dir nicht? Pech gehabt.‹ Es dauerte eine Weile, bis er sich damit abfand: ›Gut. Ich will ja dich. Wenn du nicht fahren willst, dann eben nicht. Auch gut.‹ Ich begann, Fahrstunden zu nehmen, als er zu mir sagte: ›Ich nehme dich, wie du bist.‹ Mit weniger gebe ich mich nicht mehr zufrieden.«

49
Beenden Sie den Machtkampf mit Ihrem Ex-Mann

Macht ... ist nicht ein Ziel an sich, sondern ein Mittel, ein Ziel zu erreichen.
Jeane J. Kirkpatrick

Solange Sie mit Ihrem Ex-Mann über Kompetenzen streiten, werden Sie nicht im Besitz Ihres ganzen Machtpotentials sein.

Sind die wichtigsten Punkte Ihrer Scheidung einigermaßen geklärt, sollten Sie es dabei bewenden lassen. Es ist eher unwahrscheinlich, daß alles zwischen Ihnen nach Ihren Wünschen laufen wird, aber sich weiter deswegen zu zerfleischen verlängert nur die schmerzlichsten Phasen der Scheidung und hält Sie länger als nötig in der Vergangenheit fest.

Sie sollten sich lieber auf Ihr eigenes Leben konzentrieren, ein Leben ohne ihn. Nur so können Sie sich persönliche Ziele setzen und eigene Leistungen erbringen. Und die Differenzen zwischen Ihnen und Ihrem Ex-Mann erscheinen Ihnen auf einmal gar nicht mehr so wichtig. Sie müssen nicht jeden Punkt gewinnen, um als Gewinner aus dem Match hervorzugehen.

Er bringt Ihren Sohn eine halbe Stunde später als verabredet vom Abendessen zurück? Ist das wirklich einen Streit wert? Sie tun sich selbst etwas Gutes, wenn Sie ruhig bleiben und sagen: »Bitte ruf mich das nächste Mal an, wenn du dich wieder verspätest«, anstatt ihn anzugiften: »Wenn du ihn noch einmal so spät nach Hause bringst, ist er das letzte Mal mit dir fortgewesen.«

Natürlich wird es immer Situationen geben, wo Sie

sich laut und deutlich durchsetzen müssen. Bemühen Sie sich, diese von den Auseinandersetzungen zu trennen, die nur als emotionale Reaktion darauf entstehen, daß Sie sich mit jemandem herumärgern müssen, mit dem Sie eigentlich nichts mehr zu tun haben wollen. Kämpfen Sie, wenn es um wichtige Dinge geht. Stecken Sie zurück, wenn sich die ganze Sache nicht lohnt. Ihr Seelenfrieden ist mehr wert, als auf Ihr Recht zu pochen und Genugtuung zu erfahren. Und nicht nur Sie, auch Ihr ganzes Umfeld werden davon profitieren.

- Trennen Sie wichtige Themen von nebensächlichen, für die sich ein Machtkampf nicht lohnt.
- Schaffen Sie sich einen Seelenfrieden, indem Sie nicht krampfhaft nach Dingen suchen, über die Sie sich aufregen können.
- Konzentrieren Sie sich auf die Aufgaben in Ihrem neuen Leben und bauen Sie darauf auf.

»Im ersten Jahr versuchte er, eines der Kinder für den Sommer in sein Haus zu nehmen, aber nicht das andere«, äußert sich Marina, 38, »weil eines der beiden eine Wut auf ihn hatte und ihn nicht sehen wollte. Das konnte ich nicht zulassen, weil es beide verletzt hätte. Ich bestand darauf, daß er beide nehmen mußte, was er dann auch tat, wenn auch nur für eine kürzere Zeit. Wir fochten im ersten Jahr nach unserer Scheidung fürchterliche Machtkämpfe aus. Die Kinder mußten innerhalb von sieben Wochen nach der Scheidung eine neue Stiefmutter verkraften, und ich war mit ihnen in eine andere Stadt, also in eine völlig neue Umgebung, umgezogen. Jetzt fühle ich mich nicht mehr von ihm bedroht. Es geht den Kindern hier sehr gut und mir auch. Ich habe einen guten Job, sie gehen in eine gute Schule. Früher habe ich zu ihrem Vater gesagt: ›Du kriegst sie nicht einen Tag länger, als es gerichtlich festgelegt ist.‹ Jetzt sehe ich das nicht mehr so eng. Er kann den ganzen Sommer, nicht mehr nur den halben, mit ihnen verbringen. Sie sind

sechzehn und vierzehn. Sie brauchen eine Beziehung zu ihrem Vater. Ich war verletzt und zornig damals. Jetzt, da wir uns alle ein neues Leben geschaffen haben, habe ich nicht mehr so Angst, sie zu verlieren. Sie waren wütend auf ihren Vater, haben aber ihre Wut an mir ausgelassen. Ich würde gerne sagen, wir haben das geschafft, aber eigentlich hat es sich mit der Zeit so ergeben. Jeder muß damit aufhören, dem anderen eins auswischen zu wollen, wie man das am Anfang noch macht. Man muß einfach darüber hinwegkommen und über den Dingen stehen.«

50
Glauben Sie an sich selbst: Sie werden sich wieder verlieben

Wenn die Zeit reif ist, wird die Liebe Sie wie ein Marschflugkörper ansteuern.
Lynda Barry

Niemand hat nur eine Chance auf die Liebe. Man muß nur vorbereitet und bereit sein, dann kommen die Chancen von ganz allein.

Zwar mag Ihr Gefühl dafür, wie man liebt und geliebt wird, durch die Schockwellen der Scheidung ein wenig erschüttert worden sein, aber im Grunde genommen ist es noch unversehrt vorhanden. Außerdem haben Sie eine Menge dazugelernt, über sich selbst und darüber, was bei Ihnen in einer Beziehung funktioniert und was nicht. Nein, Sie haben sich nicht lebenslänglich die Chance auf

Liebe verscherzt. Sie haben vielmehr einiges dazugelernt, wie man die wahre Liebe findet und erhält.

Menschen allen Alters begegnen der Liebe. Lassen Sie die Wunden erst vernarben. Dann werden Sie wieder Interesse an der Welt und den Menschen zeigen und sie an Ihnen. Sie müssen eigentlich nichts Besonderes tun, außer interessiert und bereit auszusehen. Und wenn Sie das sind, dann werden Sie auch so aussehen.

Der richtige Zeitpunkt ist ein wichtiger Faktor. Eine akzeptable Liebesaffäre läßt sich nicht erzwingen, auch wenn Sie es noch so sehr wünschen. Erst müssen Sie die schwierigsten Phasen Ihrer Scheidung hinter sich gebracht haben, es sei denn, Sie haben das große Glück, jemanden kennenzulernen, der die Geduld aufbringt, auf Sie zu warten. Einen wunderbaren Menschen zu finden, der Ihre Wunden heilt, wäre natürlich ideal, aber es wird schwierig sein, diesen Menschen zu halten, wenn Sie außer Ihren eigenen Bedürfnissen wenig zu bieten haben. Versuchen Sie, geduldig zu sein.

Es stimmt, daß ab einem gewissen Alter mehr alleinstehende Frauen herumlaufen als alleinstehende Männer. Deshalb ist es wichtig, sich folgendes vor Augen zu halten: Sie brauchen ja nur einen einzigen, natürlich den richtigen, um wieder einen Partner zu haben. Und wenn dieser eine schwer zu finden ist, dann können Sie noch immer viele Freundschaften und Bekanntschaften haben, vorausgesetzt, Sie öffnen sich den Gelegenheiten, die das Leben Ihnen schickt.

Haben Sie Vertrauen. Überlegen Sie, was Sie diesmal von der Liebe erwarten und was Sie bereit sind zu geben. Nur eine realistische und gut durchdachte Einschätzung all Ihrer Bedürfnisse und Qualitäten gibt Ihnen die Chance, einen oder mehrere Menschen zu finden, mit dem oder denen Sie Ihr Leben wohltuend teilen und Erfüllung und Freude finden können.

– Wenn Sie wirklich für die Liebe bereit sind, werden Sie ganz automatisch die richtigen Signale aussenden.

- Bis die wahre Liebe Ihren Weg kreuzt, sollten Sie die Gesellschaft vieler netter Menschen genießen.
- Zeigen Sie Ihr unverfälschtes Ich, und Sie werden als die Frau, die Sie wirklich sind, geliebt werden.

»Ich hatte ganz konkrete Vorstellungen, wie der Mann sein sollte, den ich kennenlernen wollte«, erzählt Iris, 40. »Ein Mann, der keine Kinder hatte, interessierte mich nicht. Am liebsten wollte ich einen, der Kinder im Volksschulalter hatte wie ich. Meine Tochter ist sieben, und ich wollte keinesfalls mit einem Mann etwas anfangen, der nicht an Kinder gewöhnt war, der sich noch keine ernsthaften Gedanken über Kinder gemacht hatte. Ich habe mich eigentlich nicht sonderlich um Männer bemüht. Ich meine damit, daß ich weder in einen Single-Club eingetreten, noch irgendwo mit dem Ziel hingegangen bin, jemanden kennenzulernen. Ich war ziemlich beschäftigt mit Beruf, Haushalt und Kind. Aber ich bin gern in Gesellschaft und unternehme viel, und das habe ich auch nie aufgegeben. An einem verregneten Samstag fuhr ich mit Katie zu den Tropfsteinhöhlen, etwa eine Fahrstunde südlich von hier. Wir wanderten mit einer kleinen Gruppe von anderen Besuchern umher und betrachteten die Stalaktiten und die unterirdischen Seen. Dabei fiel mir ein gutaussehender Mann auf, der zwei kleine Jungs dabeihatte. Er hatte schätzungsweise das richtige Alter, seine Kinder waren ein wenig jünger als Katie. Den ganzen Nachmittag war er nie weit entfernt, und ich konnte sehen, daß er zu mir herüberlinste, während ich versuchte, ihn nicht merken zu lassen, daß ich ihn beobachtete. Als unsere Besichtigungstour beendet war, ging ich mit Katie an dem Erfrischungsstand noch ein Eis essen. Und natürlich kam auch Craig mit seinen beiden Jungen. Wir kamen ins Gespräch. Er war schon ein wenig länger geschieden als ich, und wir wohnten nur fünf Meilen voneinander entfernt. Seither haben wir mit unseren Kindern viele Samstagsausflüge gemeinsam gemacht und viel Spaß dabei gehabt. Leider ist es nie zu einer Liebes-

romanze geworden, wir sind einfach nur gute Freunde. Aber was heißt ›leider‹, ich finde es großartig, gerade jetzt einen solchen Freund zu haben. Erst vor kurzem hat Craig mir einen ganz reizenden Freund von ihm vorgestellt, und wir sind schon ein paarmal ausgegangen. Warten wir's ab. Also, wenn ich einen so guten Freund wie Craig in einer Tropfsteinhöhle *kennenlernte, wer weiß dann schon, was noch alles möglich ist? Mal sehen, was als nächstes passiert!«*

Nachwort

Die meisten Gruppen für Getrenntlebende und Geschiedene operieren auf regionaler Ebene. Selbsthilfegruppen gibt es fast in jeder Gemeinde, aber Sie müssen sich ein wenig umhören. Als erste Anlaufstellen in Ihrem Wohngebiet empfehlen sich Kirchen, Frauenzentren, Familienberatungsstellen, Psychotherapeuten und Rechtsanwälte, die sich auf Familienrecht spezialisiert haben.

Selbst wenn Sie nicht der »Selbsthilfegruppen-Typ« sind, sollten Sie an einem oder zwei solcher Treffen teilnehmen, nur um praktische Informationen von Menschen zu bekommen, die schon einige Schritte weiter mit ihrer Trennung oder Scheidung sind. Mitglieder von Selbsthilfegruppen können sehr nützliche Empfehlungen von Rechtsanwälten, Therapeuten, Finanzberatern, Single Clubs und anderen hilfreichen Quellen geben.

Scheuen Sie sich nicht, getrenntlebende oder geschiedene Frauen nach Namen von Programmen oder Personen zu fragen, die ihnen geholfen haben. Die meisten Frauen werden nur allzugern ihre Erfahrungen mit anderen Betroffenen teilen.

INGRID **KLEIN** VERLAG

Velma Wallis

Zwei alte Frauen

Eine Legende von Verrat und Tapferkeit

Aus dem Amerikanischen von Christel Dormagen

ISBN 3-89521-017-X

Dies ist die Geschichte von zwei alten Indianerfrauen eines Nomadenstammes hoch oben im Norden Alaskas. In einem strengen Winter wird der Stamm von einer Hungersnot heimgesucht. Die Gruppe ist gezwungen, ihr Lager zu verlassen und über Land auf Nahrungssuche zu gehen. Ihr Häuptling beschließt – wie es das Stammesgesetz vorsieht –, die zwei alten Frauen, da sie unnütze Esser sind, zurückzulassen. Keiner wagt, gegen diesen Beschluß aufzubegehren. Allein und verlassen in der eisigen Wildnis geschieht das Erstaunliche: Die beiden alten Frauen geben sich nicht auf.

»Die Legende ist schlicht, wenig beschönigend und doch von einer nahezu ergreifenden Anteilnahme für den Mut und die Mühen der beiden Frauen. Eine Geschichte, die unser aller Sinn für die Würde des einzelnen Menschen neu belebt.« Rita Süssmuth

INGRID **KLEIN** VERLAG

Linda Tschirhart Sanford /
Mary Ellen Donovan
Frauen und Selbstachtung
Ich bin ich
und ich bin o.k.
ISBN 3-89521-019-6

Nach wie vor leiden viele Frauen in bedrückender Weise unter einem zu geringen Selbstwertgefühl. Sie fühlen sich unsicher, unzulänglich, nichts wert, häßlich, zu dick, zu dünn, zu groß, zu klein, haben Probleme mit ihrer Sexualität, mit ihrem Partner, ihrem Beruf, ihren Kindern, fühlen sich talentlos, glücklos, erfolglos, kurz: ihre Selbstachtung ist außerordentlich unterentwickelt. Diese weltweit einzige Untersuchung dazu von den beiden amerikanischen Autorinnen untersucht engagiert und einfühlsam, woraus die negative Selbsteinschätzung resultiert, und wie sie sich verfestigt. Außerdem bietet sie konkrete Hilfe in Form von schrittweise nachvollziehbaren Übungen.

»Eines der seltenen Selbsthilfebücher, die innere und äußere Veränderungen zu revolutionärer Umwälzung verbinden.« Gloria Steinem

INGRID **KLEIN** VERLAG

Annette Garbrecht (Hg.)
Wer vor mir liegt ist ungewiß
Frauen und Sexualität ab vierzig
ISBN 3-89521-018-8

Zwanzig Autorinnen schreiben über etwas, was zum Beispiel in deutschen TV-Serien gar nicht vorkommt: über weibliche Sexualität. Ganz besonders das Bild der weiblichen Sexualität ab vierzig changiert in extremen Farbgebungen. Die aktuellste Variante ist der »Jetzt-wird's-erst-richtig-schön«-Anstrich, ist die selbstbewußte Powerfrau, rundum aktiv und multipel, die ihre sexuelle Begierde just in diesem Alter entdeckt und auslebt. Jenseits dieser neuen Mythenbildung konterkarieren die Autorinnen gängige Klischees.
»Zeigt denn das Deutsche Fernsehen die Frau über vierzig (was ja auch die Frau von fünfzig, sechzig, siebzig ist) jemals beim Orgasmus oder auch nur erregt mit der Hand am Mann?« Elke Heidenreich